Susanne Watzke-Otte

Small Talk

Souverän und formgewandt kommunizieren

POCKET BU … G

Cornelsen

Verlagsredaktion: Christine Schlagmann
Technische Umsetzung: Holger Stoldt, Düsseldorf
Umschlaggestaltung: Ulrike Kuhr / Ellen Meister, Berlin
Titelfoto: © Ralf Nau / gettyimages ®

Informationen über Cornelsen Fachbücher und Zusatzangebote:
www.cornelsen.de/berufskompetenz

2. Auflage

Druck: Druckhaus Berlin-Mitte GmbH

ISBN 978-3-589-23840-8

Inhalt gedruckt auf säurefreiem Papier
aus nachhaltiger Forstwirtschaft.

Inhalt

1 Einführung

Warum überhaupt Small Talk?

Vom Sinn und Nutzen des „kleinen Gesprächs“
Kaum ein Tag ist ohne Small Talk denkbar, im Privatleben genauso wenig wie im Berufsleben. Hier wie dort ist Small Talk gewissermaßen das Schmieröl im gesellschaftlichen Getriebe – er hält alles am Laufen, sowohl beim nachbarschaftlichen Gespräch über den Zaun als auch bei der kurzen Plauderei mit Arbeitskollegen in der Kantine.
Und das Schöne daran ist: Small Talk zu machen ist nicht schwer. Sie müssen keine Vorträge halten (was die meisten Menschen hassen), Sie brauchen keine druckreifen Sätze oder tief schürfenden Weisheiten, noch nicht einmal besonders intelligente Formulierungen von sich zu geben. Also: Entspannen Sie sich! Gefragt ist einfach ein bisschen nette, gepflegte Plauderei.

Ist es Ihnen zu seicht, dieses Plappern ohne Substanz? Fragen Sie sich, wozu das Ganze? Gerade im Beruf melden Sie sich nur dann zu Wort, wenn Sie etwas Fundiertes zu sagen haben? Ansonsten ist Ihr Motto: Reden ist Silber, Schweigen ist Gold? Und überhaupt fragen Sie sich: Wer hat denn Zeit für so etwas? Sie meinen, es gibt wichtigere Dinge, als mit dem Kollegen übers Wetter zu reden?

Natürlich haben Sie in gewisser Weise Recht – Small Talk bleibt an der Oberfläche. Ein tiefsinniges, intellektuell herausforderndes Gespräch, das einen noch lange beschäftigt, sieht anders aus. Aber ein Gespräch, das absichtlich harmlos und nett verläuft, muss deshalb weder uninteressant noch überflüssig sein.
Auch Small Talk hat seine Funktion – er ist weit mehr als bloßer Zeitvertreib oder gar lästige Zeitverschwendung. Mit Small Talk können Sie nicht nur im privaten, sondern auch

im beruflichen Bereich Kontakte knüpfen und intensivieren – und ohne diese Kontakte, ohne ein gewisses „Networking" ist beruflicher Erfolg auf Dauer kaum machbar. Jemand, der Small Talk für unwichtiges Geplapper hält, könnte sich also kaum mehr irren:

> Wer glaubt, ohne Small Talk auszukommen, verschenkt wichtige Chancen – auf interessante neue Bekanntschaften ebenso wie auf berufliches Weiterkommen.

Schwer zu glauben – Small Talk als Karrierefaktor? Stimmt aber: Laut einer viel zitierten IBM-Studie aus den 1990er-Jahren, in der Abteilungsleiter und Personalreferenten befragt wurden, nach welchen Kriterien sie über eine Beförderung entscheiden, hängen Aufstiegschancen im beruflichen Umfeld vor allem von drei Faktoren ab:

- Erstens natürlich von der Leistung, die jemand am Arbeitsplatz zeigt – allerdings ist dies mit ca. 10 % der schwächste Faktor.
- Das Image, das jemand hat, der persönliche Stil, mit dem er auftritt, wiegt schon schwerer – dieser Faktor macht ca. 30 % aus.
- Und der wichtigste der drei Faktoren, die den beruflichen Aufstieg begünstigen, ist das Gesehen- und Wahrgenommenwerden – es macht ca. 60 % aus.

Ernüchternd, aber wahr: Gut sein allein reicht nicht. Wie wir uns geben, wie wir auftreten und kommunizieren, ob und wie man uns wahrnimmt, ist also erheblich wichtiger als unsere fachlichen Leistungen. Daraus lässt sich zweierlei schlussfolgern:

- Es kommt zum einen darauf an, dass man Sie (und Ihre Leistungen!) überhaupt wahrnimmt. Dafür müssen Sie zur richtigen Zeit am richtigen Ort mit den richtigen Leuten Kontakt haben. Und das heißt eben nicht nur, eine tolle Präsentation zu halten oder in einer Besprechung durch intelligente Wortmeldungen zu punkten, sondern auch, in der Kantine beim Mittagessen mit Kolleginnen und Kollegen, auf einer Messe mit wichtigen Kunden oder bei einem Arbeitsessen mit dem Chef oder der Chefin zu plaudern.

- Zum anderen sollte bei all diesen Gelegenheiten der Eindruck, den Sie beim Small Talk hinterlassen, möglichst positiv sein – und das entscheidet sich oft buchstäblich in Sekundenschnelle: Experten haben herausgefunden, dass wir uns in nur dreißig Sekunden bis vier Minuten eine Meinung über unser Gegenüber bilden. Dies geschieht hauptsächlich aufgrund des Aussehens, der Stimme, der Körperhaltung, der Mimik und Gestik und (wenn auch zu einem deutlich kleineren Teil) aufgrund des Gesagten. Eigenschaften wie Intelligenz, Kompetenz etc. werden dem Gegenüber auf der Grundlage dieser Faktoren zugeschrieben. Dieser erste Eindruck muss, wie wir sicher alle aus Erfahrung wissen, nicht immer den Tatsachen entsprechen, aber er bleibt trotzdem für lange Zeit (wenn nicht für immer!) entscheidend. Und natürlich bekommen wir für einen ersten Eindruck keine zweite Chance … Nutzen Sie also schon die ersten Minuten eines Kontaktes, um einen positiven Eindruck zu hinterlassen. Wie das geht? Das erfahren Sie in den Kapiteln 2 bis 10.

Sie würden gern Small Talk machen, sind aber zu schüchtern und werden immer rot, wenn Sie etwas sagen? Und überhaupt: Ihnen fällt so schnell gar nichts ein? Und dann auch noch Small Talk mit Kunden, die Sie kaum kennen, oder mit Ihrem Chef / Ihrer Chefin?

Stimmt, das macht die Sache nicht gerade einfacher. Aber zum Glück ist Small Talk ja ein Dialog! Soll heißen: Die ganze Last der Konversation liegt nicht allein auf Ihren Schultern. Wenn Sie sich nicht als spritziger Entertainer im Small-Talk-Sektor profilieren können oder wollen, wie wäre es dann mit der Rolle des aufmerksamen, interessierten und einfühlsamen Zuhörers? Es gibt viele Menschen, die gern

reden. Wer konzentriert zuhört und interessierte Fragen stellt, ist daher ausgesprochen beliebt. Wenn Sie selbst gern mehr erzählen möchten: Die Fähigkeit zur flüssigen Plauderei ist zum Glück erlernbar. Es gibt eine Reihe von Tricks und Regeln, die Sie sich aneignen und trainieren können.
Falls Sie also (wenn auch vielleicht nur zähneknirschend) die Wichtigkeit des Small Talks im Berufsleben akzeptieren, wenn Sie an Ihren Small-Talk-Fähigkeiten arbeiten oder sie vielleicht nur noch perfektionieren wollen: Herzlich willkommen! Schauen wir uns zunächst an, welche Regeln beim Small Talk zu beachten sind:

1.1 Kann ich mich auf Small Talk vorbereiten?

Ja! Natürlich können Sie sich nicht auf jede Small-Talk-Situation vorbereiten, aber es gibt einiges, das planbar ist.

- Bei welchen Gelegenheiten könnten Sie im Beruf Small Talk machen? Denken Sie dabei sowohl an alltägliche Situationen (in der Kantine, am Kopierer etc.) als auch an seltenere, aber wichtige Gelegenheiten (Messen, Kongresse, Betriebsfeiern etc.) und tragen Sie zehn solcher Gelegenheiten in die Tabelle auf der nächsten Seite ein.

- Anschließend notieren Sie die Small-Talk-Partner, die Sie bei den entsprechenden Gelegenheiten treffen könnten – entweder konkret mit Namen oder mit ihrer Funktion (Kunde, Kollege etc.).

- Analysieren Sie Ihr (mutmaßliches) Small-Talk-Gegenüber: Mit wem haben Sie es zu tun? Wissen Sie schon etwas über ihn/sie oder können Sie etwas in Erfahrung bringen? Kennen Sie z.B. den beruflichen Hintergrund, Einstellungen, Interessen, Vorurteile, Hobbys, Vorlieben etc.? Mit welchen Themen könnten Sie Ihr Gegenüber erreichen, überzeugen, locken?

Notieren Sie zehn Small-Talk-Gelegenheiten und mögliche Small-Talk-Partner.

Small-Talk-Gelegenheit	Small-Talk-Partner

- Spielen Sie dann den Gesprächsablauf einer solchen Small-Talk-Situation übungshalber gedanklich durch:
  - Wie eröffnen Sie den Small Talk?
  - Was sind für diesen Kontakt geeignete Themen?
  - Auf was wollen Sie bezüglich Ihres Kommunikationsverhaltens achten (den anderen anschauen, laut genug sprechen usw.)?

- Überlegen Sie sich, welchen Eindruck Sie hinterlassen wollen:
  - Möchten Sie intelligent, kompetent, gebildet, freundlich, nett, hilfsbereit wirken?
  - Wie können Sie diesen Eindruck erreichen? Welche Themen eignen sich dafür, welche Gesprächstechniken helfen Ihnen dabei, wie können Sie den Eindruck durch Ihre Körpersprache unterstützen?

Wie funktioniert Small Talk?

Die Regeln

Small Talk ist eine von vielen Gesprächsarten und unterliegt wie alle anderen auch bestimmten Regeln und Gesetzmäßigkeiten.

- Als Small Talk bezeichnet man ein „kleines“ Gespräch, d.h., anders als etwa bei Sach-, Informations-, Problemlösungs- oder Konfliktgesprächen bleibt die Konversation an der Oberfläche, die ausgewählten bzw. geeigneten Themen sind wenig kontrovers und werden nicht vertieft.

- Die Sachebene des Gespräches ist nachrangig; wichtig ist die Beziehungsebene: Es geht nicht um den Austausch wichtiger Informationen, um ein Gesprächsergebnis oder eine Konfliktlösung. Entscheidend ist, dass Sie auf Ihr Gegenüber sympathisch wirken und dass sich Ihr Gesprächspartner gut unterhalten fühlt: Die angenehme und entspannte Gesprächsatmosphäre, der Aufbau und die Pflege von Beziehungen zählen.

- Um sich zu unterhalten, braucht man beim Small Talk keine Vertrauensbasis – im Gegenteil, Small Talk muss auch und gerade bei wildfremden Menschen funktionieren, denn:

- Das Ziel beim Small Talk heißt: Kontakte knüpfen und Beziehungen pflegen. Small Talk ist dann erfolgreich, wenn Sie einen guten Eindruck hinterlassen und positiv im Gedächtnis bleiben.

- Umgekehrt hilft Small Talk natürlich auch Ihnen, sich ein Urteil über Ihre/-n Gesprächspartner/-in zu bilden: Wirkt er/sie sympathisch, gibt es gemeinsame Interessen? Würden Sie den Kontakt gern vertiefen?

- Small Talk ist nicht nur ein kleines, sondern auch ein kurzes Gespräch – es dauert nur wenige Minuten. Daher ist das Timing besonders wichtig: Es kommt darauf an, zum richtigen Zeitpunkt das passende Thema zu wählen und zum richtigen Zeitpunkt das Gespräch wieder abzuschließen.

- Das Timing ist vor allem dann wichtig, wenn Small Talk das eigentliche Gespräch nur einleiten bzw. abschließen soll. Nahezu jedes Gespräch beginnt und endet nämlich mit Small Talk: das Vorstellungsgespräch ebenso wie Beratungs- und Verkaufsgespräche mit Kunden und Besprechungen im Kollegenkreis. Small Talk in der richtigen Dosierung trägt also zur Entspannung und Lockerung der Gesprächsatmosphäre und zur Öffnung Ihres Gegenübers bei. Er baut Distanz ab und fördert Vertrauen.

Natürlich sollten Sie in der realen Situation nicht auf Biegen und Brechen ein vorher geplantes „Programm“ ablaufen lassen; vieles entwickelt sich aus der Situation heraus. Aber: Sie bekommen schon mal einige Ideen, können Strategien entwickeln. Und vielleicht tauchen dabei auch noch einige Fragen auf, beispielsweise:

- Was sind die Grundvoraussetzungen für erfolgreiche Small Talker/-innen?
- Wie kommuniziere ich überhaupt mit anderen Menschen?
- Auf was sollte ich dabei achten – verbal und nonverbal?
- Wie knüpfe ich Kontakte und wie eröffne ich Gespräche, ohne aufdringlich zu wirken?
- Welche Themen sind für Small Talk geeignet – welche nicht?
- Wie funktioniert Small Talk mit Vorgesetzten, Kollegen oder Kunden?
- Erfordern besondere berufliche Situationen wie Tagungen, Messen, Betriebsfeiern etc. besondere Maßnahme, was den Small Talk angeht?
- Welche Regeln gibt es für Small Talk mit Kunden und Geschäftspartnern im Ausland?
- Wie beende ich Gespräche höflich?
- Gibt es ein paar Extra-Tipps für Schüchterne?
- Reden Frauen beim Small Talk anders als Männer?

Fragen über Fragen … – die Antworten finden Sie in diesem Buch.

1.2 Wie sehen erfolgreiche Small Talker/-innen aus?

Das Profil

Small Talk heißt plaudern, um Kontakte aufzubauen und zu pflegen – privat genauso wie beruflich. Was müssen wir dafür können, was müssen wir tun?

Um Kontakte zu anderen Menschen aufbauen zu können und wahrgenommen zu werden, müssen wir uns öffnen und uns als Person mit unseren Interessen, Stimmungen und Gefühlen zu erkennen geben. Wir müssen auf unser Gegenüber eingehen können – und das sowohl in Bezug auf Sachthemen als auch in Bezug auf Emotionen. Dazu gehört, sich um echtes Verstehen zu bemühen, statt Intoleranz und Vorurteile zu pflegen.

Erfolgreiche Small Talker/-innen …

- reflektieren ihr persönliches Kommunikationsverhalten
- sind interessiert an anderen Menschen und gehen auf sie zu
- formulieren positiv und wirken dadurch positiv
- kennen die Don'ts der Kommunikation und arbeiten daran, sie zu vermeiden
- kennen Gesprächstechniken – und wenden sie auch an
- wissen, worüber man beim Small Talk spricht – und worüber nicht
- stellen Fragen, ohne indiskret oder penetrant zu sein
- zeigen Interesse, Aufgeschlossenheit und positive Emotionalität – auch in ihrer Körpersprache

Wie kommunizieren Sie mit anderen Menschen – was ist typisch für Ihr Gesprächsverhalten? Lesen Sie dazu mehr im nächsten Kapitel.

2 Wie kommuniziere ich eigentlich?

Individuelle Kommunikationsweisen

2.1 Reflexion des persönlichen Kommunikationsverhaltens

„Die Art, sich zu geben und die zwischenmenschlichen Kontakte und Beziehungen zu gestalten, bestimmt das private Glück und das berufliche Fortkommen in hohem Maße mit."
Friedemann Schulz von Thun (in: Miteinander reden. Reinbek 1989, S. 11)

Wo immer und wann immer wir verbal oder nonverbal mit Menschen kommunizieren, machen wir uns aufgrund verschiedenster Signale ein Bild vom anderen – und der/die andere macht sich ein Bild von uns. Das passiert in der Regel spontan und unbewusst: Wir nehmen z.B. körpersprachliche Signale oder Äußerlichkeiten wahr und schließen daraus auf eine bestimmte Persönlichkeit unseres Gegenübers, schreiben ihm oder ihr bestimmte Eigenschaften, Absichten und Befindlichkeiten zu – mal mehr, mal weniger zutreffend.
Diese „Schnellschuss-Urteile" haben meist durchaus Sinn: So können wir uns ohne langes Nachdenken aufgrund unserer gespeicherten Erfahrungen und unseres Wissens schnell auf eine Situation und das Gegenüber einstellen und – im Idealfall – ein situationsadäquates Verhalten zeigen. Pech nur, wenn unsere Wahrnehmung (oder die Interpretation unserer Wahrnehmung) uns schlichtweg auf den Holzweg führt.

„Da habe ich doch gedacht, das ist eine ganz Nette und Kompetente, so wie die auf mich gewirkt hat. Und als ich dann ihre Ansichten zum Thema Mitarbeiterführung gehört habe – da bin ich fast umgefallen!"

Genauso kann es natürlich umgekehrt passieren, dass sich jemand ein Bild von Ihnen macht, das Sie überhaupt nicht nachvollziehen, geschweige denn teilen können … Das wirft spannende Fragen auf:

- Wie werde ich eigentlich von anderen gesehen?
- Welchen Eindruck vermittle ich, wie wirke ich?

Beim Small Talk wird die Persönlichkeit des Gesprächspartners, sein Auftreten und sein Kommunikationsstil deutlicher wahrgenommen als in anderen Gesprächsformen, in denen man sich stärker auf die Sache konzentriert und beispielsweise ein Problem lösen, über etwas informieren, etwas erklären oder einen Konflikt bewältigen muss.

> Im Small Talk hingegen ist die Sachebene eher unwichtig; hier ist die Beziehungsebene die Hauptsache.

Kennen Sie das Johari-Fenster? Dieses Modell wurde von den amerikanischen Sozialpsychologen Joseph (*Jo*) Luft und Harry (*hari*) Ingham entwickelt und zeigt die verschiedenen Aspekte der Selbst- und Fremdwahrnehmung, wie Sie der Abbildung auf der nächsten Seite entnehmen können.

Nutzen Sie das Johari-Fenster zur Selbstreflexion und beantworten Sie mit seiner Hilfe diese Fragen:

- Wie sieht Ihr Verhalten im Bereich der „öffentlichen Person“ aus? Wie verhalten Sie sich in Gesprächen – sprachlich und körpersprachlich?
- Haben Sie Angewohnheiten, die Ihnen nicht bewusst sind – und vielleicht in der Kommunikation stören? Bitten Sie andere Menschen um Feed-back, damit Sie Ihren „blinden Fleck“ verkleinern können.
- Was gehört zu Ihrer „Privatperson“, was möchten Sie schützen und – zumindest im Small Talk – nicht zum Thema machen?

Das Johari-Fenster

	mir bekannt	mir unbekannt
anderen bekannt	**Öffentliche Person** Dieser Anteil unseres Verhaltens ist uns selbst und anderen bekannt. Wir agieren i.d.R. authentisch, weil unbeeinträchtigt von Ängsten und Vorbehalten. Da das Verhalten bewusst ist, kann es willentlich verändert und an Situationen oder Personen angepasst werden.	**Blinder Fleck** Dies ist der Anteil unseres Verhaltens, der uns selbst nicht bewusst ist, von anderen jedoch meist deutlich wahrgenommen wird: unbedachte/unbewusste Gewohnheiten, Verhaltensmuster, Vorurteile, Zu-/Abneigungen. Er wird meist auf der nonverbalen Ebene, etwa durch Gesten und Tonfall, kommuniziert und kann durch Feedback bewusst gemacht werden.
anderen unbekannt	**Privatperson** Dies ist der Bereich unseres Denkens und Handelns, den wir als Intim- und Privatsphäre bewusst vor anderen verbergen: Werte, politische Gesinnung, religiöse Überzeugungen, heimliche Wünsche, empfindliche Stellen, tiefe Ängste.	**Unbekanntes** In diesem Bereich ist unbewusstes Wissen verborgen, das weder uns noch anderen unmittelbar zugänglich ist. Es kann durch tiefenpsychologische Methoden zumindest teilweise bewusst gemacht werden.

2.2 Kommunikationsstile

„Wie sprechen Menschen mit Menschen? Aneinander vorbei."
Kurt Tucholsky (1890–1935), dt. Schriftsteller

Aufbauend auf Ihren Ergebnissen der Selbstreflexion können Sie nun mehr über Ihren Kommunikationsstil herausfinden.
Der Kommunikationspsychologe Friedemann Schulz von Thun hat acht deutlich unterscheidbare Kommunikationsstile definiert (ausführlich in: *Miteinander reden. Stile, Werte und Persönlichkeitsentwicklung.* Reinbek 1989):

- den bedürftig abhängigen Stil,
- den helfenden Stil,
- den selbstlosen Stil,
- den aggressiv-entwertenden Stil,
- den sich beweisenden Stil,
- den bestimmend-kontrollierenden Stil,
- den sich distanzierenden Stil,
- den mitteilungsfreudig-dramatisierenden Stil.

Aufgabe

Lesen Sie die Erläuterungen zu diesen Kommunikationsstilen auf den folgenden Seiten, die zur Veranschaulichung manchmal bewusst etwas überspitzt formuliert sind. Überlegen Sie, welche Kommunikationsstile für Sie charakteristisch sind.

Die wenigsten Menschen lassen sich eindeutig einem einzigen Stil zuordnen; deshalb kann es durchaus sein, dass Sie sich in verschiedenen Stilen wiedererkennen. Keiner der Kommunikationsstile ist dabei „gut" oder „schlecht", schon gar nicht gibt es den „besten" oder „idealen" Kommunikationsstil – jeder hat seine Stärken, aber auch seine Schwächen. Schließlich gibt es auch kein immer gleiches „ideales" Kommunikationsverhalten:

Das ideale Kommunikationsverhalten ist situationsabhängig und so von Gespräch zu Gespräch, von Situation zu Situation verschieden.

Deshalb gelten für ein gelungenes Small-Talk-Gespräch andere Regeln als etwa für ein gelungenes Konfliktgespräch.

Natürlich ist es sinnvoll, eine gewisse kommunikative Grundkompetenz zu haben oder zu erwerben. Dazu gehören z.B. Gesprächstechniken wie das aktive Zuhören. Darüber hinaus aber sollte man – je nach Art des individuellen Kommunikationsverhaltens – unterschiedliche Strategien für den Kontakt zu und die Gespräche mit anderen Menschen beherrschen. Und die kann jede/-r von uns umso leichter entwickeln, je besser er/sie seine bevorzugten Kommunikationsstile kennt und versteht. Behalten Sie deshalb folgende Fragen im Hinterkopf, wenn Sie die Charakterisierungen der verschiedenen Kommunikationsstile auf den nächsten Seiten lesen:

- Was ermöglicht oder erleichtert Ihnen Ihr Kommunikationsstil?
- Was ersparen Sie sich möglicherweise durch Ihren Kommunikationsstil?
- Was verbaut Ihnen der Stil auf der anderen Seite, woran hindert er Sie?
- Was würde passieren, wenn Sie bewusst, auf der Basis Ihrer neuen Erkenntnisse, anders reagierten?
- Was bedeutet das für Ihr (zukünftiges) Kommunikationsverhalten – auch beim Small Talk?

1. Der bedürftig-abhängige Stil

Wer in diesem Stil kommuniziert, gibt sich hilflos, überfordert, überlastet und fordert vom Gegenüber Unterstützung – meist nonverbal: Typisch für diesen Stil sind der herzerweichende, hilfesuchende Blick, die Körperhaltung, die deutlich macht, welche Last auf den Schultern ruht, und ein entkräfteter bis flehender Tonfall. Reicht das als Appell nicht aus, wird man deutlicher: Von Bitten bis zu drängenden und dringlichen Forderungen reicht die Bandbreite dieses oft manipulativen Kommunikationsstils, der häufig zum Erfolg führt …

Beispiel: Small Talk unter Arbeitskollegen in der Kantine

K: „Hallo Michael – na, wie sieht's aus?"
M: „Ach, Klaus – hallo!" *(tiefes Seufzen)*
K: „Klingt ja nicht gut – schlecht drauf?"
M: „Na ja, wir haben doch in der letzten Woche dieses neue EDV-Programm in unserer Abteilung eingeführt – totaler Stress, sage ich dir."
K: „Ja, stimmt, habe ich gehört."
M: „Du kennst dich doch so gut mit solchen Sachen aus – hast du vielleicht nach der Pause mal ganz kurz Zeit, mir was zu erklären?"
K: „Äh, ich muss eigentlich …"
M: „Mensch, das wär echt hilfreich, ich komm sonst wirklich nicht weiter – und ich muss morgen was beim Chef abgeben, dafür brauche ich das Programm." *(flehender Blick und Tonfall)*
K: „Also, das passt mir jetzt wirklich nicht so gut, ich muss heute Nachmittag nämlich selbst noch eine Terminsache fertig machen."
M: „Ach so." *(tonlose, ersterbende Stimme, enttäuschter Blick)*
K: „Aber, ich meine – vielleicht schaffe ich es ja, morgen früh mal kurz vorbeikommen. Dann gucken wir uns die Sache mal an."
M: „Mmmh." *(hängende Schultern, gesenkter Blick)*
K: „Ach, was soll's – wenn ich aufgegessen habe, komme ich mit rüber."
M: „Echt? Super! Vielen Dank!" *(dankbarer Blick, freudiger Tonfall)*

Haben Sie Anteile dieses Stils bei sich wiedererkannt? Dann beachten Sie folgende Tipps.

Praxistipps

- Sind Sie wirklich so passiv, hilfsbedürftig und so sehr auf andere angewiesen? Versuchen Sie, sich selbst anders wahrzunehmen und sich auch in Ihren Formulierungen anders darzustellen: *„Ich will das einfach nicht“* ist etwas anderes als das hilflose *„Ich kann das einfach nicht“* und *„Ich werde“* ist eine deutlich aktivere und selbstbestimmtere Formulierung als *„Ich muss“*. Die Art der Formulierungen beeinflusst nicht nur, was andere von uns halten, sondern lässt auf Dauer auch bei uns selbst ein anderes Selbstbewusstsein entstehen.
- Wenn Sie Hilfe benötigen, bitten Sie offen statt manipulativ (z.B. über hilfesuchende, flehende Körpersprache) darum. Akzeptieren Sie ein Nein und versuchen Sie nicht, es doch noch zu einem *„Na gut, meinetwegen“* zu ändern.
- Geben Sie die Verantwortung nicht komplett an jemand anderen ab – meist ist Ihnen schon mit einer partiellen Unterstützung geholfen.
- Lassen Sie sich nicht von anderen (die vielleicht einen helfenden Kommunikationsstil haben) in die abhängige Rolle des Hilfesuchenden drängen.

2. Der helfende Stil

Dieser Kommunikationsstil ist gewissermaßen das Gegenstück zum bedürftig-abhängigen Stil – und dessen „Wunschpartner“ … Wer im helfenden Stil kommuniziert, braucht anscheinend selbst weder Hilfe noch Unterstützung. Er hat alles im Griff, ist jederzeit stark, kompetent und souverän – und ohne langes Bitten für alle da: als geduldige/-r Zuhörer/-in, allzeit bereite/-r Ratgeber/-in, Helfer/-in in allen Lebenslagen. Auf Dauer kann das natürlich nicht gut gehen: Wer permanent für andere da ist, ist irgendwann auch mal

überfordert und gereizt – und fällt dann aus der Rolle. Und das ist dann für die anderen nicht nachvollziehbar.
Der/die Helfer/-in wartet nicht unbedingt, bis jemand um Hilfe bittet – er/sie „hilft“ auch ungefragt und ungebeten. Ungerecht, wie das Leben nun mal ist, wird das dann als „Besserwisserei“ geschmäht …

Beispiel: Small Talk am Fotokopierer

M: „Hallo Gabi!“
G: „Monika, hallo! Wie geht's dir? Dein neuer Chef soll ja ganz schön fordernd sein – jede Menge Überstunden, hört man.“
M: „Mir geht's prima, danke. Und mit dem neuen Chef komme ich sehr gut klar.“
G: „Und – macht ihr wirklich so viel Überstunden?“
M: „Du, die paar Überstunden sind überhaupt kein Problem für mich, das klappt alles wunderbar. Sag mal, brauchst du noch länger?“
G: „Ein bisschen dauert es noch – das sind alles Unterlagen für die Besprechung von meinem Chef morgen. Ist ihm eben erst eingefallen – mal wieder typisch!“
M: „Weißt du, Gabi, du könntest das etwas beschleunigen, indem du beidseitig kopierst und gleichzeitig schon lochen und heften lässt.“
G: „Ach – das geht?“
M: „Ja, pass auf: Ich gebe hier die gewünschten Funktionen ein – und schon läuft es.“
G: „Toll.“
M: „Ja, so sparst du zwei weitere Arbeitsgänge – das solltest du grundsätzlich so machen, ist einfach viel effektiver.“
G: „Hm, danke.“
M: „Dieser Kopierer hat doch eine Menge Funktionen mehr als der alte – wenn du mal Zeit hast, erkläre ich sie dir gern.“
G: „Mmmhm.“

Haben Sie Anteile dieses Stils bei sich wiedererkannt? Dann beachten Sie folgende Tipps:

Praxistipps

- Hilfsbereit zu sein, andere zu unterstützen und ihnen zu helfen, ist natürlich grundsätzlich etwas Gutes, das Sie beibehalten sollten. Es sollte allerdings ein ausgeglichenes Verhältnis zwischen Geben und Nehmen herrschen. Und wenn Sie schon häufiger das Gefühl hatten, dass Ihre eigenen Bedürfnisse zu kurz kommen, dann sollten Sie anfangen, etwas daran zu ändern.
- Lernen Sie also, sich stärker abzugrenzen und hier und da ohne schlechtes Gewissen Nein zu sagen. Deswegen sind Sie noch lange nicht egoistisch, gleichgültig oder ungefällig.
- Immer alles im Griff zu haben, immer perfekt zu sein, das schafft kein Mensch. Werden Sie sensibel für eigene Bedürfnisse, gestehen Sie sich und anderen diese ein und bitten Sie auch mal um Hilfe.

3. Der selbstlose Stil

Ähnlich wie Menschen, die im helfenden Stil kommunizieren, wollen auch Selbstlose vor allem für andere da sein. Wo der eine jedoch „hilft“ und damit seine souveräne, kompetente, sogar überlegene Haltung betonen will, dient der Selbstlose eher: Gefühle von Schwäche, sogar Bedeutungs- oder Wertlosigkeit spiegeln sich in einer gewissen Unterwürfigkeit und Opferbereitschaft wider. Das Gegenüber wird aufgewertet, Schwächen und Fehler heruntergespielt oder komplett übersehen. Die eigene Person dagegen wird permanent abgewertet – und zwar nicht mit dem Hintergedanken, „fishing for compliments“ zu betreiben. Im Gegenteil: Bekommt der Selbstlose Anerkennung, Lob und Kompli-

mente, nimmt er nichts davon an, weil er glaubt: *„Die wollten doch nur nett sein."*
Während der Selbstlose jederzeit ein offenes Ohr für die Sorgen und Nöte anderer hat und geradezu glücklich ist, irgendwie – und sei es nur durch Zuhören – helfen zu können, spricht er eigene Probleme nicht an: Er möchte schließlich nicht lästig sein – und im Grunde sind es ja auch nur Kleinigkeiten, völlig unwichtig verglichen mit den Schwierigkeiten anderer.

Beispiel: Small Talk zwischen Kollegen, Frühstückspause

A: „Das ist ja ein Superwetter heute! Viel zu schade zum Arbeiten – gut, dass heute Freitag ist!"
B: „Ja, da haben Sie wirklich recht."
A: „Was haben Sie denn Schönes vor am Wochenende? Ich habe gehört, Sie sind umgezogen – da ist sicher noch viel zu tun?"
B: „Ach, das geht schon. Was haben Sie denn vor?"
A: „Ich werde zum Golfen gehen – und zwar an beiden Tagen."
B: „Oh ja, das ist sicher sehr schön."
A: „Haben Sie schon mal gespielt?"
B: „Nein, ich bin leider total unsportlich und habe gar kein Ballgefühl."
A: „Das kann man lernen, dafür gibt es schließlich Kurse."
B: „Ach nein, ich war schon in der Schule furchtbar ungeschickt. Aber Sie spielen sicher sehr gut."
A: „Geht so, ich habe Handicap 14."
B: „Das ist doch toll!"
A: „Na ja, ich arbeite daran, wird schon werden." *(lacht)*
B: „Ja, bestimmt." *(lacht auch)*
A: „Hauptsache, das Wetter hält sich – bloß kein Regen!"
B: „Stimmt, das wäre gar nicht schön." *(schaut besorgt)*

Haben Sie Anteile dieses Stils bei sich wiedererkannt? Dann beachten Sie folgende Tipps:

Praxistipps

- Selbstbewusstsein statt Selbstlosigkeit: Lernen Sie, an sich zu denken und auch „Ich" zu sagen – und eventuelle Konflikte auszutragen und auszuhalten.
- Auf das Lernen des Ich-Sagens folgt das Lernen des Nein-Sagens – gern auch in Kombination: *„Nein, das möchte ich nicht."; „Nein, das finde ich falsch."*
- Reflektieren Sie Ihre Sprache: Benutzen Sie oft Formulierungen, die Sie selbst herabsetzen (z.B. *„Ich bin ja leider nur …"; „Wahrscheinlich liege ich da völlig falsch")*? Arbeiten Sie daran und verzichten Sie in Zukunft darauf.
- Nehmen Sie Anerkennung an und werten Sie sie nicht ab. *„Danke!"* statt: *„Ach, das war doch nichts."*
- Äußern Sie Ihre Meinung – ohne sie abzuschwächen: *„Das gefällt mir nicht"* statt: *„Also, ich kann mich ja irren, aber irgendwie ist das doch ein bisschen eigenartig, oder nicht? Aber vielleicht macht man das jetzt auch so, ich habe da ja wenig Ahnung."*

4. Der aggressiv-entwertende Stil

„Ach, das ist doch Unsinn!"; „Was erzählen Sie da für einen Quatsch – das ist doch wohl nicht Ihr Ernst?!"
Wie schaffe ich es, mein Gegenüber offen oder versteckt (beispielsweise durch ironische, als „Witz" getarnte Bemerkungen) abzuwerten, klein zu machen, ihn/sie schuldig erscheinen zu lassen?
Das scheint zunächst mal das Ziel zu sein, wenn jemand in diesem Stil kommuniziert. Klingt nicht gut? Und doch steckt in den meisten von uns auch etwas von diesem Kommunikationsverhalten.
Warum kommuniziert jemand so? Sie kennen den Spruch „Harte Schale, weicher Kern": Bevor man selbst verletzt

wird – und das kennt man zur Genüge –, holt man lieber zum „Präventivschlag“ aus: Das schützt den eigenen „weichen Kern“. Dass dies die Kommunikation nicht fördert, ist klar: Abwertende Äußerungen, Ironie, Spott, Schuldzuweisungen, Unterbrechungen, Körpersprache, die Langeweile ausdrückt – all das ist typisch für den aggressiv-entwertenden Stil und schlecht für das Miteinander.
Aber dieser Stil hat auch positive Aspekte: Jemand, der so kommuniziert, hat es gelernt, sich zu behaupten (wenn auch mit eher unschönen Methoden ...). Außerdem ist er/sie in der Lage, Kritik offen zu äußern (jedoch leider meist unfair).

Beispiel: Small Talk bei einer Messe; die Prokuristin Frau Kruse begrüßt einen wichtigen Kunden

K: „Herr Schulte, ich grüße Sie! Wie finden Sie unseren Stand?“
S: „Sieht gut aus – da weiß ich doch gleich, wo mein Geld bleibt, ha ha! Habe ich alles mitbezahlt, was!“
K: „Es sieht gut aus, nicht wahr? Sie wissen doch, wie wichtig Marketing ist – Ihr Unternehmen ist ja sehr erfolgreich.“
S: „In der Tat – liegt wahrscheinlich daran, dass wir keine horrenden Summen für irgendeinen Schickimicki ausgeben.“
K: „Darf ich Ihnen einen Kaffee anbieten, Herr Schulte?“
S: „Nee, hatte ich schon bei Ihrer Konkurrenz. Hat allerdings nach nix geschmeckt – vielleicht stecken die ihr ganzes Geld in die Produkte, ha ha.“
K: „Haben Sie sich schon unsere Neuentwicklungen im Bereich des Brandschutzes angesehen? Da hat sich einiges getan, wir haben schon viele positive Rückmeldungen bekommen.“
S: „Wurde auch höchste Zeit, meine Liebe, die Konkurrenz schläft schließlich nicht.“

Haben Sie Anteile dieses Stils bei sich wiedererkannt? Dann beachten Sie folgende Tipps:

Praxistipps

- Versuchen Sie, sich nicht nur auf die negativen Seiten anderer zu fokussieren – hat Ihr Gegenüber nicht auch eine Menge Positives zu bieten? Möglicherweise stecken sogar in dem, was Sie als Schwäche ansehen, gewisse Stärken: Da ist ein ruhiger, schüchterner Mensch – negativ gesehen, kriegt er „die Zähne nicht auseinander", man muss ihm jedes Wort abringen. Positiv gesehen, ist er ein guter Zuhörer und angenehm zurückhaltend.
- Verzichten Sie grundsätzlich auf abwertende Formulierungen, auf Ironie, Sarkasmus und Zynismus – auch wenn das alles als Witz getarnt daherkommt.
- Arbeiten Sie an Ihrem Taktgefühl: Wie kann man Dinge formulieren, ohne dass sie kränkend und verletzend klingen? Besonders wichtig ist das, wenn Sie Kritik üben: Bemühen Sie sich, den Sachverhalt ohne plumpe Schuldzuweisungen (denn die lösen das Problem ja nicht ...) konstruktiv zu formulieren: Statt *„Sind Sie eigentlich zu blöd, den richtigen Knopf zu drücken?"* z.B.: *„Beim nächsten Mal drücken Sie bitte auf diesen Knopf hier, das ist der richtige."*
- Denken Sie auch mal daran, wie Sie sich fühlen würden, wenn jemand so mit Ihnen umginge ...

5. Der sich selbst beweisende Stil

Beim aggressiv-entwertenden Stil setzt man andere herab, um sich überlegen zu fühlen und vor Verletzungen zu schützen.
Wer den sich selbst beweisenden Stil einsetzt, gewinnt seinen Selbstwert hingegen nicht dadurch, dass er andere herabsetzt, sondern indem er sich selbst als besonders kompetent, intelligent und perfekt darstellt. Das kostet viel Kraft: Bloß nicht versagen oder scheitern, sich keine Blöße geben! Es

reicht nicht, richtig gut zu sein, sondern alle anderen müssen es merken und wissen. Je stärker die Selbstzweifel an uns nagen, umso wichtiger ist die nach außen getragene Botschaft: *„Schaut her: Ich habe alles im Griff, ich bin perfekt! Meine Karriere, mein Haus, mein Auto, mein Boot! Ich kenne alle Tricks, ich habe die besten Beziehungen, ich bin da, wo die Musik spielt!"*

Dieses „Selbstmarketing" kann sehr laut und plump, aber auch durchaus dezent und geradezu beiläufig daherkommen. Die Reaktionen der Umwelt reichen von der gewünschten Bewunderung und Anerkennung über ein entnervtes *„Schon klar – keiner ist so toll wie du!"* bis hin zur Ablehnung (*„Was bildet die sich eigentlich ein!"; „Angeber!"*).

Beispiel: Small Talk bei einer Fachtagung über Qualitätsmanagement in der Kaffeepause

A: „War ja wirklich ganz interessant, der Vortrag eben. Wir müssten bei uns im Unternehmen wohl noch einiges ändern, wenn wir wirklich zertifiziert werden wollen."

B: „Ja? In meiner Abteilung – ich bin Abteilungsleiter – habe ich bereits alles dafür vorbereiten lassen, wenn auch, das muss ich zugeben, andere bei uns noch ziemlich hinterherhinken."

A: „Wo arbeiten Sie denn?"

B: „Bei der Winter AG – wie gesagt, als Abteilungsleiter. Kennen Sie sicher, wir sind im Bereich Sicherheitstechnik tätig. Ich bin von Haus aus Diplom-Ingenieur und Betriebswirt und habe öfter im Ausland zu tun, hauptsächlich in den USA und in Japan. Da ist man im QM ja schon viel weiter, da habe ich viel mitgenommen."

A: „Klingt interessant. Ich arbeite bei Zettlach & Söhne, kennen Sie die? Ich werde jetzt ab nächsten Monat das gesamte QM für unseren Betrieb übernehmen."

B: „Ach ja, Zettlach & Söhne – ich kenne Ihren Chef ganz gut, netter Kerl, wir waren schon mal zusammen golfen."
A: „Mmmh. Tja, mal sehen, was der nächste Vortrag bringt, den hält ein Professor, hoffentlich wird es nicht zu theoretisch."
B: „Glaube ich nicht, ich kenne den Prof aus anderen Veranstaltungen, sehr sympathischer Mann – wir haben uns öfter unterhalten. Erinnert mich an einen Professor, bei dem ich studiert habe – Professor Bethmann, ist Ihnen sicher ein Begriff?"
A: „Nein, kenne ich nicht."
B: „Hat einen enormen Ruf in seinem Fach, fordert einen im Studium aber ordentlich – da kommen nur die Besten durch!"
A: „Aha. Na, dann gehe ich mal wieder in den Saal. Bis dann."

Haben Sie Anteile dieses Stils bei sich wiedererkannt? Dann beachten Sie folgende Tipps:

Praxistipps

- Wer viel macht, macht auch Fehler: Gestehen Sie sich und anderen solche Fehler ein – das wirkt menschlich.
- Trauen Sie sich, unperfekt zu sein: Niemand muss und kann immer der/die Schnellste, Beste, Erste, Klügste sein, niemand muss alles wissen und können. Geben Sie zu, etwas nicht zu können oder zu wissen, schlicht keine Ahnung zu haben. Nicht perfekt sein zu müssen, nimmt eine Menge Druck und bringt Entspannung – Ihnen und Ihren Kollegen, Bekannten, Familienmitgliedern.
- Leistung ist nicht alles im Leben. Da war doch noch etwas …

6. Der bestimmend-kontrollierende Stil

Wenn wir im bestimmend-kontrollierenden Stil kommunizieren, versuchen wir nach Kräften, alles – Dinge ebenso wie Menschen – so zu ordnen und zu steuern, dass es unseren Vorstellungen entspricht. Warum? Weil wir unter allen Umständen die Kontrolle behalten wollen, weil wir (negative) Überraschungen und unberechenbare Veränderungen fürchten und vermeiden möchten – es könnte ja ein nicht mehr zu steuerndes Chaos entstehen …
Der Mensch, der im bestimmend-kontrollierenden Stil agiert, weiß, was richtig ist – er hat da „so seine Prinzipien“, klare Regeln und Strukturen, festgelegte Rituale und Normen, perfekte Planung, Ordnung und Organisation. Und dementsprechend geht er mit anderen um: Er lenkt und dirigiert (schließlich kennt er ja die „richtige“ Richtung), er erwartet, dass sich die anderen an diesen Vorgaben orientieren. Andere Meinungen und Verhaltensweisen, Einwände oder gar Widerspruch – das bringt den Bestimmend-Kontrollierenden schier zum Verzweifeln: *„Dass die Leute aber auch immer so eigensinnig sein müssen! Es könnte doch allen besser gehen, wenn sie nur auf mich hören würden!“*
Dabei sind wir, wenn wir in diesem Stil kommunizieren, zwar oft durchaus tüchtig und zuverlässig – aber eben leider auch unflexibel bis stur, fantasielos und wenig kreativ. Man hat das schließlich immer so gemacht – warum soll auf einmal alles anders sein? Wo kommen wir denn da hin?

Beispiel: Small Talk bei einem Empfang

A: „Hm, dieses Nachtischbuffet sieht absolut verlockend aus – eigentlich bin ich zwar auf Diät, aber das ist ja die reine Versuchung!“
B: „Ich nehme grundsätzlich nur Obstsalat – das ist kalorienarm, gesund und trotzdem sehr lecker.“

A: „Bewundernswert, diese Disziplin. Aber haben Sie die Mousse au Chocolat gesehen? Und die Crème Brulée, die Eistörtchen, die Vanillecreme? Also, ich werde da schwach."

B: „So geht es natürlich nicht. Sie sollten unbedingt versuchen, konsequent zu bleiben! Ansonsten bereuen Sie es nachher."

A: „Ja, spätestens morgen früh auf der Waage! Ach, was soll's – man lebt nur einmal!"

B: „Meistens sind doch die Augen größer als der Magen. Probieren Sie doch nur kleine Häppchen von allem und dann haben Sie bestimmt keine Lust auf mehr."

A: „Im Gegenteil – wenn ich erst mal anfange, dann gibt es kein Halten mehr!" *(lacht)*

B: „Na ja, Sie müssen ja wissen, was Sie tun." *(guckt missbilligend)*

Haben Sie Anteile dieses Stils bei sich wiedererkannt? Dann beachten Sie folgende Tipps:

Praxistipps

- Versuchen Sie, nicht immer alles zu kontrollieren. Ja, das fällt schwer, aber es geht! Lassen Sie andere Menschen die Dinge ruhig mal so erledigen, wie diese es für richtig halten – auch wenn es Ihrer Meinung nach weder sonderlich effizient noch effektiv ist.
- Verzichten Sie auf Rat-„Schläge".
- Lenken Sie Gespräche nicht zu stark (z.B. durch Fragen) in die von Ihnen gewünschte Richtung – überlassen Sie sich mal dem Gesprächsverlauf, ohne direktiv einzugreifen. Gehen Sie auf das Gesagte Ihres Gegenübers ein und hören Sie aktiv zu. Bewerten Sie nicht (vor allem nicht negativ!) und verzichten Sie auf moralisierende und kontrollierende Bemerkungen (*„Man muss natürlich immer …"; „Sie dürfen jetzt vor allem nicht …"; „Disziplin ist das Entscheidende!"*)

7. Der sich distanzierende Stil

Wer in diesem Stil kommuniziert, braucht vor allem eins – Abstand, sowohl physisch als auch psychisch. Dadurch, dass man sich beherrscht, kühl, unpersönlich, korrekt und sachlich gibt, entsteht diese Distanz fast automatisch. Andere Menschen nehmen den sich Distanzierenden als abweisend, vielleicht sogar arrogant wahr – als jemanden, mit dem man einfach nicht warm wird.
Der/die sich Distanzierende ist im Gespräch sehr sachlich, stellt Fragen, drückt sich überlegt und präzise aus – Fakten, nicht Emotionen zählen. Das heißt aber nicht, dass er keine Emotionen hat – nein, die sind durchaus vorhanden; er kann sie nur nicht ausdrücken, hält sie unter Verschluss. Distanz statt Nähe – das schafft für diesen Kommunikationstypus Sicherheit, denn aus der Distanz wird man nicht so schnell verletzt und macht sich nicht abhängig.
Die eher steife und verschlossene Grundhaltung dieses Stils drückt sich natürlich auch in der Körpersprache aus: Man hält Abstand zu anderen und erwartet dies auch von seinem Gegenüber; körperliche Berührungen sind tabu.
Alle Gespräche, bei denen die Beziehungsebene wichtiger als die Sachebene ist, fallen uns, wenn wir in diesem Stil kommunizieren, sehr schwer. Und Small Talk – das geht irgendwie gar nicht: Keine Fakten, nur lockere Plauderei – wie furchtbar!

Beispiel: Small Talk im Flugzeug – die Kollegen Frau Kohler und Herr Clemens fliegen nach einem beruflichen Auslandaufenthalt wieder nach Haus, Frau Kohler beginnt das Gespräch

K: „So, jetzt noch zwei Stunden und dann sind wir endlich wieder zu Hause, herrlich, nicht wahr?“
C: „Ja, das ist wirklich angenehm.“
K: „Wir waren ja ganz schön lange hier. Ich merke immer, dass es für meine Familie nicht so leicht ist, wenn ich

weg bin. Ganz abgesehen davon, was im Büro alles liegen bleibt."

C: „Es wird zweifellos einiges aufzuarbeiten sein."

K: „Ich bin zugegebenermaßen etwas enttäuscht, dass wir den letzten Auftrag nicht auch noch bekommen haben."

C: „Das ist tatsächlich bedauerlich."

K: „Andererseits: Alles in allem haben wir doch gut abgeschnitten, sogar noch besser als geplant, nicht wahr?"

C: „Durchaus, das Auftragsvolumen liegt 18 % über dem Plan."

K: „Haben wir gut gemacht, was?"

C: „Insgesamt fällt das Resümee der Reise sicher positiv aus."

Haben Sie Anteile dieses Stils bei sich wiedererkannt? Dann beachten Sie folgende Tipps:

Praxistipps

- Versuchen Sie, etwas von sich zu erzählen, etwas preiszugeben – am Anfang z.B. einfach, was Sie mögen, was Sie nicht mögen. Im nächsten Schritt sprechen Sie auch mal über das, was in Ihnen vorgeht: dass Sie z.B. nervös, ratlos, begeistert sind. So werden Sie für andere Menschen nachvollziehbarer – und meist auch sympathischer, „nahbarer".
- Statt nur sachorientierte Fragen zu stellen, üben Sie die Technik des „aktiven Zuhörens", die im nächsten Kapitel beschrieben wird. Gerade beziehungsorientierte Gespräche verlaufen spürbar angenehmer, wenn man auf die Emotionen des Gegenübers eingeht, statt sie zu ignorieren.
- Small Talk zu halten ist eine gute Übung: Verlassen Sie die distanzierte, rein sachliche Ebene des Gespräches und lernen Sie zu plaudern.

8. Der mitteilungsfreudig-dramatisierende Stil

Wie der Name schon sagt: Jemand, der in diesem Stil kommuniziert, redet gern und unaufhörlich und ist kaum zu stoppen. Er liebt es, im Mittelpunkt zu stehen, viel Publikum zu haben. Wo er ist, ist immer etwas los. Typisch für diesen Stil ist eine starke Emotionalität, die sich durch mitreißende Rhetorik ebenso wie durch eine lebhafte, ausdrucksstarke Körpersprache zeigen kann.
Der ideale Small-Talk-Typ? Nicht ganz: Auch hier lauern Tücken. Zwar hat der Mitteilungsfreudige keine Scheu vor fremden Menschen, tut sich leicht damit, Kontakte zu knüpfen, und kann durchaus farbig und fesselnd erzählen. Der Mitteilungsfreudige gerät jedoch oft in Gefahr zu vergessen, dass Small Talk ein Dialog sein soll. Er neigt zu Monologen – und zwar meist über sein Lieblingsthema, nämlich über sich selbst. Und so erfahren Gesprächspartner sehr viel und oft sehr viel mehr, als sie wissen wollten …

Beispiel: Small Talk beim Geschäftsessen

A: „Waren Sie dieses Jahr schon im Urlaub?“
B: „Oh ja! Ich bin mit meiner Familie zum Tauchen an die Algarve geflogen – fantastisch, kann ich Ihnen sagen, einfach unglaublich! Ich tauche jetzt seit zwölf Jahren, und ich muss sagen, ich kann mir kaum etwas Schöneres vorstellen. Diese Unterwasserwelten, die Farben – so etwas kann man kaum mit Worten beschreiben! Ich bin mittlerweile schon fast süchtig danach!“
A: „Klingt wirklich interessant. Wir haben dieses Jahr allerdings mal was ganz anderes gemacht – eine Städtereise nach San Francisco.“
B: „Da war ich auch schon mal, eine unglaubliche Stadt! Diese verrückten Hügel und Straßen, die Cable Cars – ich glaube, ich bin damals Stunden damit gefahren, das war wirklich cool. Und das Fisherman’s Wharf –

ein absolut tolles Viertel. Da sind wir Stunden rumgelaufen, und ich weiß noch, einmal, da hatte ich plötzlich …"

A: „Ja, da waren wir auch, hat uns gut gefallen. Wir sind auch ein bisschen in die umliegende Gegend gefahren, unter anderem ins Napa Valley …"

B: „Da war ich auch! Ist es dort nicht fantastisch? Die Weine! Ein Traum! Ich glaube, ich habe sie alle probiert – drei Tage im Alkoholnebel, ha ha! Zinfandel und Chardonnay sind seit damals meine absoluten Lieblingsweine, superlecker – stehen die hier eigentlich nicht auch auf der Karte? Ober – kommen Sie bitte mal zu uns!"

Haben Sie Anteile dieses Stils bei sich wiedererkannt? Dann beachten Sie folgende Tipps:

Praxistipps

- Small Talk ist – wie die meisten Gespräche – als Dialog gedacht. Achten Sie daher ganz bewusst auf Ihren Redeanteil und verringern Sie ihn gegebenenfalls.
- Lassen Sie Ihr Gegenüber auch mal zu Wort kommen und lassen Sie es dann auch ausreden – keine Unterbrechungen!
- Vermeiden Sie es, zu oft und zu lange über sich selbst zu sprechen. Das funktioniert am leichtesten, wenn Sie Fragen stellen.
- Hören Sie stattdessen aktiv zu – nutzen Sie vor allem das aufnehmende Zuhören. Wie das geht? Dazu mehr im nächsten Kapitel.
- Und: Achten Sie auf die Distanzzonen Ihres Gesprächspartners, lassen Sie ihm/ihr auch körperlich Raum, sich auszudrücken.

Um erfolgreich(er) zu kommunizieren, kann die Kenntnis der eigenen Kommunikationsstile hilfreich sein – vorausgesetzt, wir nutzen dieses Wissen, um unser Verhalten situationsgerecht und gezielt zu steuern: Die ideale Kommunikation ist wie gesagt die situationsgerechte.

> Lernen Sie also, Ihre verschiedenen Kommunikationsstile entsprechend der jeweiligen Gesprächssituation erfolgreich einzusetzen.

Das Wissen über Kommunikationsverhalten fördert aber auch das Verständnis für unser Gegenüber – es versetzt uns in die Lage, Gesprächspartner und -situationen besser einzuschätzen und dementsprechend souveräner zu reagieren.

Ihnen ist sicher aufgefallen, dass sich manche Kommunikationsstile auf den ersten Blick perfekt zu ergänzen scheinen: Der Hilfebedürftige und der Helfende, der sich selbst beweisende und der selbstlose Stil – Gespräche mit diesen Paarungen werden weitgehend problemlos verlaufen. Andere Paare dagegen werden sich in Gesprächen weit weniger wohl fühlen: Stellen Sie sich den Mitteilungsfreudigen und den sich Distanzierenden vor – oder den bestimmend Kontrollierenden und den aggressiv Entwertenden …
Unsere Gesprächspartner/-innen sind nun mal nicht immer so, wie wir es am liebsten hätten. Daran lässt sich nichts ändern. Was wir aber ändern können, sind unsere Reaktionen und unser Verhalten im Gespräch. Und über unser Verhalten können wir wiederum das Verhalten unserer Gesprächspartner beeinflussen.
Unterhalten Sie sich z.B. mit einem schüchternen Menschen und ermutigen Sie ihn, aus sich herauszugehen, bestätigen Sie ihn durch Worte und nonverbale Signale (Lächeln, Kopfnicken), wird Ihr Gegenüber wahrscheinlich an Sicherheit gewinnen, sein Verhalten also verändern.
Gesprächstechniken wie etwa das aktive Zuhören oder die Fragetechnik helfen Ihnen dabei – mehr dazu im nächsten Kapitel.

3 Wie setze ich Gesprächstechniken richtig ein?

Die Grundkompetenzen der Kommunikation

„Niemand würde viel in Gesellschaften sprechen, wenn er sich bewusst wäre, wie oft er die anderen missversteht.“ Johann Wolfgang von Goethe (1749–1832)

Gelungene Kommunikation ist kein Zufall. Aber obwohl wir den ganzen Tag mündlich, telefonisch oder schriftlich mit anderen Menschen kommunizieren, wissen wir doch oft zu wenig über die Regeln und Gesetzmäßigkeiten der Kommunikation.
Gesprächstechniken wie die folgenden sind das Werkzeug für gelungene Kommunikation – nicht nur beim Small Talk. Mit ihrer Hilfe können Sie Kommunikation positiv beeinflussen und Gespräche erfolgreich gestalten. Manche dieser Techniken wenden Sie vermutlich schon an – vielleicht unbewusst, vielleicht haben Sie es aber auch schon anhand von Büchern oder Seminaren gelernt. Anderes ist möglicherweise neu und dementsprechend ungewohnt. Probieren Sie es trotzdem aus.

3.1 Aktives Zuhören

„Was ich sage, will gesagt, was ich dir sage – gehört werden.“ Elazar Benyoetz (*1937), isr. Aphoristiker

Was wünschen Sie sich von Ihren Gesprächspartner/-innen? Wahrscheinlich, dass sie Interesse zeigen an dem, was Sie erzählen, dass sie aufmerksam sind und zuhören, dass sie sich bemühen zu verstehen, was Sie sagen wollen.

Und so geht es den meisten Menschen: Hören Sie also selbst auch zu. Und zwar richtig – es genügt natürlich nicht, so zu tun, als ob! Richtig zuzuhören heißt, dem Gegenüber das Gefühl zu geben, dass er/sie in diesem Moment für Sie der interessanteste Mensch weit und breit ist. Damit das gelingt, müssen einige Voraussetzungen erfüllt sein:

- **Konzentration:** Und zwar auf den Gesprächspartner. Es ist tabu, an irgendetwas anderes zu denken oder sich andere Menschen anzuschauen, während man im Gespräch ist. Ob Sie konzentriert sind, merkt man u.a. am Blickkontakt, der signalisiert: Mich interessiert, was Sie sagen, ich höre zu.
  Blickkontakt heißt nicht, dass Sie dem anderen permanent in die Pupillen starren – ein lockerer Blickkontakt zum Gesichtsfeld des anderen reicht aus. Keinen Blickkontakt zu halten, weckt hingegen beim anderen negative Gefühle: Entweder denkt er, er sei uninteressant und langweilig – oder er hält sein Gegenüber für arrogant und überheblich ... Halten Sie sich in Gesprächen an eine einfache Regel:

  Derjenige, der zuhört, hält den Blickkontakt, derjenige, der erzählt, darf den Blick auch mal schweifen lassen.

  Auch kleine Aufmerksamkeitslaute („*Aha!*“, „*Mhmm*“ etc.) zeigen, dass Sie zuhören.

- **Anteilnahme:** Anteilnehmen an dem, was der andere sagt, bedeutet, sich in ihn hineinzuversetzen. Ob Sie das tun, kann man an Ihrem Gesicht ablesen: Wenn Sie Anteil nehmen, „spiegeln“ Sie nämlich die Emotionen Ihres Gesprächspartners, d.h. Ihr Blick ist bei spannenden Inhalten gespannt, bei traurigen angemessen betroffen, bei lustigen erheitert etc.
  Verweigert ein Gesprächspartner hingegen diese Anteilnahme, zeigt die Mimik auch das: Ein gelangweiltes, abgelenktes Gesicht, ein „Pokerface“ ohne Emotionen,

egal, was der andere erzählt. Und das ist alles andere als sympathisch …

- **Einfühlungsvermögen:** Nicht nur hören, was der andere sagt, sondern auch, wie er es sagt, also zwischen den Zeilen lesen – das macht richtiges Zuhören aus. Trainieren Sie dafür Ihre Wahrnehmung der Körpersprache Ihres Gegenübers. So können Sie erkennen, ob jemand sich wohl fühlt, sich langweilt, unangenehm berührt ist etc. – und manches Fettnäpfchen vermeiden oder zumindest schnellstmöglich wieder verlassen.

- **Unvoreingenommenheit:** Haben Sie sich, schon bevor Sie die ersten Worte mit jemandem gewechselt haben, ein Bild von ihm gemacht – etwa aufgrund des Aussehens, der Kleidung, des Dialekts etc.? Sind Sie überzeugt davon, dass der erste Eindruck selten täuscht? Glauben Sie von sich, ein guter Menschenkenner zu sein?
  Wenn Sie diese Fragen für sich mit Ja beantwortet haben, ist es schon vorbei mit der Unvoreingenommenheit … Alles, was Ihr Gesprächspartner nun sagen oder tun wird, läuft durch Ihren persönlichen Filter – und das heißt, Sie hören das, was Sie heraushören möchten.
  Richtiges Zuhören bedeutet, sich von diesen (Vor-)Urteilen zu befreien und zu hören, was tatsächlich gesagt wird, eventuell auch mal nachzufragen, wie etwas gemeint ist – und eben nicht davon auszugehen, dass man das ja sowieso schon weiß …

Sind Sie ein neugieriger, einfühlsamer, offener und toleranter Mensch? Dann haben Sie es in Gesprächen leicht, gerade, was das Zuhören angeht – Sie machen oft intuitiv alles richtig. Aber Zuhören kann man auch lernen und trainieren.

Drei Stufen des Zuhörens lassen sich unterscheiden: das aufnehmende Zuhören, das Paraphrasieren und das Verbalisieren.

Aufnehmendes Zuhören

Die einfachste Form des Zuhörens ist das so genannte aufnehmende Zuhören: Sie sagen selbst nichts oder nur wenig und konzentrieren sich vor allem auf das, was Ihr Gegenüber sagt. Durch Blickkontakt, Aufmerksamkeitslaute und das „Spiegeln“ der Emotionen Ihres Gesprächspartners zeigen Sie, dass Sie am Gespräch teilnehmen – auch wenn Sie nur wenig sagen.
Diese Form des Zuhörens sollten Sie natürlich nicht ausschließlich praktizieren, schließlich wollen und sollen Sie ja ab und zu auch mal etwas sagen …
Besonders bewährt hat sich das aufnehmende Zuhören immer dann, wenn Ihr Gesprächspartner sehr emotional ist, beispielsweise, weil er sich gerade furchtbar aufgeregt hat und das jetzt erst mal loswerden muss (*„Also, Sie glauben ja nicht, was der Meyer aus der Buchhaltung gerade zu mir gesagt hat …“*) oder weil er etwas extrem Interessantes erlebt hat, das er unbedingt erzählen will: *„Mahlzeit! Also, ich war ja gerade beim Chef, um mit ihm die Quartalszahlen durchzugehen, als plötzlich …“*
In solchen Situationen hören Sie am besten aufnehmend zu – und zwar so lange, bis der andere alles losgeworden ist. Die beiden einzigen Alternativen, nämlich körpersprachlich zu signalisieren, dass man sich langweilt (Gähnen, Blickkontakt abwenden, SMS versenden etc.) oder aber rigoros zu unterbrechen und das Thema zu wechseln (*„Hör mal, das interessiert mich jetzt nicht – wie war eigentlich dein Wochenende?“*), sind nur in absoluten Ausnahmefällen gestattet …

Paraphrasieren

Auf der nächsten Stufe des aktiven Zuhörens „paraphrasieren“ Sie, d.h., Sie wiederholen mit eigenen Worten Informationen oder Argumente des Gesprächspartners – und zwar am besten in Frageform formuliert, um ggf. eine Korrektur zu ermöglichen:

- „Sie meinen also, …“
- „Habe ich Sie richtig verstanden, dass …“
- „Sie fanden also …?“

Beim Paraphrasieren reicht es tatsächlich aus, nur das Gehörte kurz zurückzuspiegeln – bitte keine negativen oder ironischen Bemerkungen (*„Habe ich Sie richtig verstanden, dass …? Aber das ist doch sicher nicht Ihr Ernst?“*), keine Ergänzungen oder oberlehrerhaften Verbesserungen: *„Sie fanden also den Vortrag nicht so interessant? Sie sollten aber natürlich bedenken, dass …“*
Paraphrasieren hilft zum einen, Missverständnisse auszuschließen und die Sichtweise des Gesprächspartners zu verstehen, zum anderen gewinnen Sie mit dieser Technik Zeit, um gut zu überlegen, was Sie antworten wollen. Und für den Fall, dass Ihnen jemand beim Small Talk ganz haarsträubende Dinge erzählt, schaffen Sie es durch Paraphrasieren besser, Ihre Emotionen zu kontrollieren:

- „Sie finden also, dass berufstätige Mütter ihre Kinder vernachlässigen?“
- „Wenn ich Sie richtig verstehe, sind Sie ein Befürworter der Prügelstrafe an Schulen?“

Falls Sie es in solchen Fällen auch noch schaffen, Ihre Körpersprache zu kontrollieren, also etwa das Entgleisen der Mimik oder das Entsetzen in der Stimme zu verhindern: Respekt!

Verbalisieren

Auf dieser dritten Stufe des aktiven Zuhörens sprechen Sie nicht mehr nur die Sachinhalte des Gesprächs an, sondern Sie gehen auf die emotionalen, manchmal versteckten Botschaften ein. Sie geben also mit eigenen Worten die vermutlichen Stimmungen und Emotionen des Gesprächspartners wieder – vorausgesetzt, die Gesprächsatmosphäre gestattet dies.

Schärfen Sie dafür Ihre Wahrnehmung für „Zwischentöne“: Nicht nur, was gesagt wird, sondern vor allem, wie es gesagt wird (mit welchem Gesichtsausdruck, welcher Betonung), ist interessant.

Um beim Verbalisieren deutlich zu machen, dass es sich um Ihre Wahrnehmung handelt und Sie bereit sind, Korrekturen und Widerspruch zu akzeptieren, formulieren Sie moderat:

- „Ich habe den Eindruck, dass ...“
- „Kann es sein, dass ...“
- „Es kommt mir so vor, als ob ...“

Achten Sie immer darauf, dass gute Kommunikation umkehrbar sein muss: Darf Ihr Gegenüber das Gleiche auch zu Ihnen sagen, ohne dass Sie irritiert oder gar gekränkt wären?

Wie aktiv hören Sie zu? Testen Sie sich mit folgender Übung:

Welche Antwort ist Ihrer Meinung nach die beste, wenn Sie aktiv zuhören möchten?

1. *„Die Umgestaltung des Foyers finde ich absolut misslungen, der Innenarchitekt sollte den Beruf wechseln!“*

a) „Das finde ich auch!“
b) „Sie finden, man hätte es anders machen sollen?“
c) „Wieso? Die Wandgestaltung zum Beispiel finde ich gelungen, das sieht sehr elegant aus.“

2. *„Dass unser Projekt so gut gelaufen ist, hatte viel mit der Atmosphäre im Team zu tun.“*

a) „Sie sind alle gut miteinander klargekommen?“
b) „Ja, das spielt natürlich eine große Rolle!“
c) „Ich denke, auch die strategische Planung und das Controlling sind immer ganz wichtig.“

3. *„In der Firma, in der ich vorher war, haben wir vieles ganz anders gemacht - na ja, man muss sich halt umstellen."*
a) „Gefällt es Ihnen hier denn nicht?"
b) „In Ihrem vorherigen Job sind Sie anders vorgegangen?"
c) „Sie haben recht, man muss einfach flexibel sein heutzutage."

4. *„Also, mein Sohn, der hat ja jetzt Abitur gemacht, Spitzennoten, sage ich Ihnen, Spitzennoten! Der kann sich jetzt aussuchen, was er studieren will, dem stehen alle Karrierewege offen!"*
a) „Dann hoffen wir mal, dass weiter alles gut läuft – man liest ja so viel von arbeitslosen jungen Akademikern."
b) „Das ist ja schön."
c) „Da sind Sie bestimmt sehr stolz auf ihn."

5. *„Früher war hier doch alles anders. Immer weniger Leuten, immer mehr Arbeit, und die Kunden werden ja auch immer schwieriger. Da kann eine Betriebsfeier wie heute auch nichts mehr bringen."*
a) „Kopf hoch – so schlimm ist es ja auch nicht!"
b) „Klingt so, als wären Sie ziemlich frustriert."
c) „Sie haben ja so recht – und ich glaube, es wird noch schlimmer."

6. *„Das ist doch mal wieder typisch - wir in unserer Abteilung erfahren immer alles als Letzte!"*
a) „Sie fühlen sich nicht genügend einbezogen?"
b) „Ach, regen Sie sich doch nicht so auf – meinen Sie denn, uns erzählt jemand was?"
c) „So ist das eben hier in der Firma – und seit wir den neuen Geschäftsführer haben, ist alles noch schlimmer als früher."

7. *„Und Sie glauben wirklich, dass Small Talk im Beruf wichtig ist?“*
   a) „Absolut – je eher Sie das einsehen, umso besser für Sie und Ihre Karriere!“
   b) „Es gibt in der Tat viele Untersuchungen, die dies belegen.“
   c) „Sie sind da noch skeptisch?“

Auflösung: 1b, 2a, 3b, 4c, 5b, 6a, 7c

3.2 Fragetechnik

„Fragensteller sind Weichensteller.“ Hans Leopold Davi (*1928), schweizer. Schriftsteller

Sie sind interessiert an Ihrem Gegenüber? Sie wollen mehr erfahren oder etwas genauer wissen? Sie möchten ein Gespräch eröffnen, aber nicht gleich zu Beginn so viel erzählen? Sie würden gern andere in das Gespräch einbeziehen? Dann stellen Sie Fragen!
Fragetechnik zu beherrschen, heißt zu wissen, welche Frageform man wie einsetzt. Folgende Frageformen gibt es:

Offene Fragen

Sie heißen so, weil sie ein Gespräch „öffnen“ bzw. eröffnen können. Offene Fragen sind W-Fragen, beginnen also mit Fragewörtern wie *warum, wer, wie, womit, wann, wodurch:*

- „Wie war Ihre Anreise?“
- „Welchen Eindruck hatten Sie denn von dem Vortrag?“

Zu indiskret dürfen diese Fragen allerdings nicht sein – es gibt Dinge, die möchten wir eher verschlossen halten:

- „Wie alt sind Sie eigentlich?“
- „Warum heiraten Sie eigentlich nicht?“

Geschlossene Fragen

Diese Fragen erfordern als Antwort nur ein Ja oder Nein als Antwort und lassen ein Gespräch sehr viel schwerer aufkommen.

- „Haben Sie gut hergefunden?" – „Ja, danke."
- „Gefiel Ihnen der Vortrag?" – „Ja."

Aber auch diese Frageform hat ihren Platz: Immer da, wo Sie das Gespräch „schließen" wollen, wo Sie genug Informationen haben und z.B. eine Entscheidung möchten, passen geschlossene Fragen.

Manipulative oder suggestive Fragen

Diese Frageform sollten Sie grundsätzlich vermeiden – nicht nur beim Small Talk. Sie hinterlässt einen unangenehmen Nachgeschmack bei demjenigen, der so bedrängt wurde.

- „Sie als Fachmann fanden den Vortrag doch bestimmt sehr langweilig?"
- „Gefiel Ihnen dieser merkwürdige Vortrag etwa?"

Alternativfragen

Alternativfragen können ebenfalls manipulativ wirken – nämlich dann, wenn einem nur zwei Alternativen angeboten werden, man aber weiß, es gibt noch eine Menge mehr:

- „Möchten Sie Kaffee oder Tee?" – „Am liebsten hätte ich ein Wasser."

Rhetorische Fragen

Rhetorische Fragen sind keine echten Fragen und bedürfen dementsprechend keiner Antwort:

- „Ist das nicht ein herrliches Wetter heute?"

Und deshalb sollten Sie sie im Small Talk vermeiden – denn der soll ja ein Dialog sein …

Frageketten

Fragenketten schließlich sind absolut „verboten". Hier werden Fragen direkt hintereinandergehängt oder wie eine Maschinengewehrsalve abgefeuert:

- „Wo kommen Sie eigentlich her? Und was machen Sie denn so beruflich? Sind Sie verheiratet? Und haben Sie Kinder?"

So schön es ist, dass da jemand derart interessiert ist – es erinnert doch fatal an eine Verhörsituation. Und wissen Sie bei der vierten Frage noch, wie die erste lautete? Nein, Fragekettcn fördern keine Plauderei …

3.3 Positive Rhetorik

Wo immer es geht – und ehrlich klingt! –, äußern Sie etwas Positives, Lob und Anerkennung. Mit Kritik, Besserwisserei, Ironie und Meckerei hält man sich besser zurück – vor allem, was die Anwesenden, speziell Gastgeber oder Veranstalter, betrifft … Die meisten von uns finden ein Gespräch mit Menschen, die eine positive Einstellung zum Leben und zu ihrer Umgebung haben, deutlich angenehmer als eines mit jemandem, dem man es nie recht machen kann.
Wenn Sie bei Ihrem Gesprächspartner also positive Gefühle wecken möchten (und wer will das nicht?), gelingt Ihnen das, indem Sie aktiv zuhören, interessierte und höfliche Fragen stellen – und positiv formulieren. Und das bedeutet:

> Positive Dinge sollten auch wirklich uneingeschränkt positiv dargestellt werden.

Sie meinen, das ist doch klar? Dann achten Sie mal darauf, wie viele Menschen etwas *„gar nicht mal schlecht"* finden statt *„gut"*.
Fortgeschrittene Rhetoriker schaffen es sogar, negative Formulierungen in positive umzuwandeln. Versuchen Sie es selbst:

Ersetzen Sie die negativen Formulierungen durch positive – und zwar ohne die Sachaussage zu verändern.

1. Das ist ein großes Problem.

____

2. Diese Veranstaltung ist ja leider völlig überfüllt.

____

3. Das ist nervenaufreibend!

____

4. Sie haben einen Einwand?

____

5. Das ist doch unnormal!

____

6. Keine schlechte Idee.

____

7. Was für eine Affenhitze!

____

Auflösung

1. Das ist eine echte Herausforderung.; 2. Diese Veranstaltung ist wirklich ausgesprochen gut besucht.; 3. Ziemlich spannend!; 4. Sie haben eine Frage?; 5. Das ist ja außergewöhnlich!; 6. Eine gute Idee!; 7. Das ist ja ein tropisches Klima!

Ist doch alles nur oberflächlich, reine Verpackung? Stimmt absolut! Und genau diese Verpackung kann bewirken, dass der gleiche Inhalt besser aufgenommen wird:

Mal angenommen, Sie haben Geburtstag und bekommen Geschenke. Eines ist lieblos in eine angeschmuddelte Plastiktüte gesteckt und mit Paketband verklebt. Die anderen sind sorgfältig in schönes Papier verpackt, mit edlen Bändern und Schleifen verschnürt und dekoriert.

Ist er wirklich egal, der äußere Schein? Zählt tatsächlich nur der Inhalt?

4 Was lasse ich besser?

Die Don'ts der Kommunikation

Es gibt Dinge, die tut man/frau besser nicht – und in der Kommunikation sind das vor allem die so genannten Kommunikationssperren, Killerphrasen und Trigger. Sie haben eines gemeinsam: Gespräche verändern sich durch sie zum Negativen, können sogar vorzeitig abgebrochen werden, Gesprächspartner sind verärgert, verletzt oder wütend. Trotzdem benutzen wir sie:

- manchmal aus Unkenntnis – wir wissen gar nicht, wie nervig das für andere ist,
- manchmal aus Bequemlichkeit („*Man kann doch nicht jedes Wort auf die Goldwaage legen …*"),
- manchmal aus mangelnder Sensibilität („*Worüber der sich schon wieder aufregt …*").

Schauen Sie sich die folgenden Don'ts der Kommunikation an und überlegen Sie, wann und wie oft Sie sie selbst schon benutzt haben. Gelingt es Ihnen, den Gebrauch von Kommunikationssperren, Killerphrasen und Triggern sukzessive zu verringern? Ihre Gesprächspartner beim Small Talk (ebenso wie in anderen Gesprächsformen) werden Ihnen dankbar sein!

4.1 Kommunikationssperren (nach Thomas Gordon)

Was halten Sie von folgendem Small-Talk-Dialog?

Die Situation: Ein Fortbildungskongress zum Thema „Neue Wege der Kundenbindung", 11.00 Uhr, Pause nach dem ersten Referat an der Kaffeebar. Einer der Teilnehmer, Reinhard Schniedermeyer, entdeckt eine Kollegin,

Kerstin Ritter, die im gleichen Unternehmen wie er arbeitet, allerdings in einer Filiale in einer anderen Stadt. Die beiden kennen sich bereits aus anderen Weiterbildungsveranstaltungen. Herr Schniedermeyer eröffnet den Small Talk:

S: „Hallo, Frau Ritter! Hatten Sie eine gute Anreise? Oder war Stau? Sie sind ja sicher mit dem Auto hier, oder sind Sie ausnahmsweise mal mit der Bahn gefahren?“

R: „Guten Morgen, Herr Schniedermeyer, schön, Sie zu sehen! Ja, ich bin mit dem Auto hier und ja, ich habe auf der A45 im Stau gestanden – ziemlich lange sogar, es hat fast eine Stunde lang gedauert. Zum Glück bin ich aber noch pünktlich hier angekommen.“

S: „Ach, eine Stunde Stau, das ist doch gar nicht viel, da können Sie sich nicht beklagen. Wissen Sie, was mir letzten Monat passiert ist? Als ich geschäftlich nach München musste, da habe ich sage und schreibe vier Staus gehabt und mehr als drei Stunden nur gestanden! Das war wirklich heftig, sage ich Ihnen!“

R: „Ja, das klingt wirklich unangenehm, da waren Sie ja sehr lange unterwegs. Wie fanden Sie denn das Einstiegsreferat eben?“

S: „Na ja, war ja nichts wirklich Neues. Und der Referent, der schien mir doch auch alles andere als sicher zu sein. Wahrscheinlich macht er das zum ersten Mal und ist nervös, das sehe ich ja an seiner Körpersprache. Ich habe gesehen, wie er mit den Unterlagen hantiert hat – total hibbelig.“

R: „Fanden Sie? Mir haben vor allem seine Beispiele gut gefallen, die waren doch sehr praxisnah, so richtig aus dem Leben gegriffen. Da habe ich oft unsere Kundengespräche wiedererkannt.“

S: „Manchmal schon, das stimmt. Aber rhetorisch ist der Gute eben nicht gerade beschlagen, na ja, das freie Reden ist nicht jedermanns Sache.“

R: „Das Referat nach der Pause klingt auch interessant, die Rednerin kennen wir ja aus einer anderen

Fortbildung, das war letzten Herbst in Hamburg. Erinnern Sie sich? Sie hat viel Humor und schafft es, auch komplizierte Dinge locker rüberzubringen."

S: „Fand ich gar nicht."

R: „Bleiben Sie denn beide Tage hier, Herr Schniedermeyer? Es fällt einem ja oft schwer, sich so lange frei zu machen im Betrieb."

S: „Damit habe ich keine Probleme: Delegation, liebe Kollegin, das ist das Zauberwort! Sie müssen einfach die richtigen Prioritäten setzen und auch mal entsprechend delegieren, dann können Sie sich auch für solche wichtigen Weiterbildungen freimachen. Generell hängt doch alles am persönlichen Zeitmanagement. Ich sage immer: Gute Planung ist die halbe Arbeit!"

R: „Das ist sicher richtig."

S: „Sie müssen unbedingt das Buch ‚Zeit nutzen, statt sie zu verschwenden' lesen! Das ist von diesem berühmten Wissenschaftler, Professor Börger. Wissen Sie was: Ich schicke es Ihnen nächste Woche mal zu, dann gucken Sie sich das mal genau an."

R: „Das ist nett, danke."

S: „Das wird Ihnen gefallen, dieses Buch. Sie sind doch eine clevere Person, Sie haben sogar studiert, oder? Eine richtige Karrierefrau, ha ha! Wenn Sie da kein gutes Zeitmanagement haben, droht Ihnen irgendwann der Burn-out! Und dann werden Sie bereuen, dass Sie nicht eher was verändert haben!"

R: „Ach, ich sehe da vorn gerade eine Bekannte, die muss ich unbedingt begrüßen. Wir sehen uns ja sicher später noch, Herr Schniedermeyer – tschüss!"

Tat Ihnen Frau Ritter im Verlauf des Gespräches zunehmend leid? Und wurde Ihnen Herr Schniedermeyer zunehmend unsympathischer?
Das liegt daran, dass jeder Gesprächsbeitrag von Herrn Schniedermeyer aus Kommunikationssperren bestand. Wie im Einzelnen, das schauen wir uns jetzt einmal genauer an.

Können Sie die Kommunikationssperren identifizieren? Versuchen Sie es mal:

„Hallo, Frau Ritter! Hatten Sie eine gute Anreise? Oder war Stau? Sie sind ja sicher mit dem Auto hier, oder sind Sie ausnahmsweise mal mit der Bahn gefahren?"

Kommunikationssperre: ______________________

Fragen zu stellen ist prima und absolut erwünscht – beim Small Talk ebenso wie in anderen Gesprächen auch. Das zeigt Ihrem Gesprächspartner, dass Sie interessiert sind. Eine ganz andere Sache sind Frageketten, bei denen der Gefragte gar nicht weiß, worauf er zuerst antworten soll. Auch bohrende oder indiskrete Fragen sind unerwünscht – und die Kommunikationssperre, die Herr Schniedermeyer hier benutzt, lautet dementsprechend: Ausfragen, verhören – statt fragen. *„Warum kommst du jetzt erst? Wo warst du? Wieso hast du nicht angerufen? Funktioniert dein Handy nicht – oder was?"*

„Ach, eine Stunde Stau, das ist doch gar nicht viel, da können Sie sich nicht beklagen."

Kommunikationssperre: ______________________

Eine beliebte Kommunikationssperre: das Herunterspielen und Verharmlosen von etwas, das man Ihnen erzählt, das Beschwichtigen des Gesprächspartners: *„Ach, so schlimm ist das doch gar nicht …"; „Morgen sieht das schon ganz anders aus!"; „Na ja, auf Regen folgt ja wieder Sonnenschein."*
Ist doch nett gemeint, man will den anderen doch bloß beruhigen? Vielleicht – meist sieht es aber eher nach einer gewissen Teilnahms- und Interesselosigkeit (*„Und was geht mich das an?"*) oder gar nach Unverständnis (*„Über welche Kleinigkeiten regt der/die sich eigentlich auf?"*) aus. In jedem Fall fühlt sich der Gesprächspartner so nicht ernst genommen – und das fördert den weiteren Gesprächsverlauf nicht.

„Wissen Sie, was mir letzten Monat passiert ist? Als ich geschäftlich nach München musste, da habe ich sage und schreibe vier Staus gehabt und mehr als drei Stunden nur gestanden! Das war wirklich heftig, sage ich Ihnen!"

Kommunikationssperre: ______________________

Sie haben es erkannt? Da redet jemand lieber von sich, holt – vielleicht um abzulenken oder auszuweichen, etwa weil ihm das Thema unangenehm ist – den Ball in seine Spielhälfte: *„Das kenne ich! Bei mir war es damals ja so, dass …"; „Also, ich …"* Und aus (leidvoller) Erfahrung wissen wir: Da bleibt der Ball dann häufig auch, mit dem Dialog war es das erst einmal.

Small Talk sollte aber, genau wie andere Gespräche auch, möglichst ausgeglichene Redeanteile aller Gesprächspartner haben.

Also: Eigene Ansichten oder Erfahrungen beizutragen ist völlig okay, dauernd und in langen Monologen von sich zu reden hingegen nicht. In Kombination mit der vorhergehenden Kommunikationssperre von Herrn Schniedermeyer, dem Herunterspielen der Erfahrungen des Gegenübers, wirkt es umso unangenehmer, dass er nur von sich redet.

„Na ja, war ja nichts wirklich Neues. Und der Referent – der schien mir doch auch alles andere als sicher zu sein. Wahrscheinlich macht er das zum ersten Mal und ist nervös, das sehe ich ja an seiner Körpersprache. Ich habe gesehen, wie er mit den Unterlagen hantiert hat – total hibbelig."

Kommunikationssperre: ______________________

Eine im Zeitalter der Ratgeberbücher und Hobbypsychologen ausgesprochen verbreitete Kommunikationssperre ist es,

dem Gesprächspartner eine Diagnose seines Verhaltens zu stellen: Wir glauben nicht nur zu wissen, warum sich jemand auf die beobachtete Art und Weise verhält (*„Der macht das doch nur, weil er unsicher ist.“; „Du willst das doch nur deshalb, weil du so perfektionistisch bist.“*) – wir melden es ihm oder ihr auch zurück. Widerspruch ist sinnlos: *„Ich kenne dich doch!“; „Ach, ich habe Ihnen das deutlich angesehen – wie Sie geguckt haben!“*
Dass das den anderen nervt, ist klar. Jemand, der glaubt, uns und unser Verhalten beurteilen zu können, wirkt überheblich und fördert den gleichberechtigten Dialog nicht. Also:

> Geben Sie Interpretationen und Diagnosen im Gespräch am besten nur auf Nachfrage ab.

Was hat Herr Schniedermeyer uns noch zu bieten? Die nächste Kommunikationssperre erkennen Sie bestimmt sofort:

> „Aber rhetorisch ist der Gute eben nicht gerade beschlagen, na ja, das freie Reden ist nicht jedermanns Sache.“
>
> Kommunikationssperre: ______________________

Jawohl, er kritisiert – und das eben nicht konstruktiv und sachlich: Er spottet, er ist ironisch. Auch wenn man generell beim Small Talk vorsichtig mit Kritik sein sollte: Konstruktive Verbesserungsvorschläge sind in Maßen okay; tabu ist es hingegen, spöttische, herabsetzende oder ironische Bemerkungen zu machen, jemanden abzuwerten oder bloßzustellen.

Auf den diplomatischen Versuch seiner Kollegin, dem Gespräch eine etwas positivere Richtung zu geben, reagiert Herr Schniedermeyer mit einer weiteren Kommunikationssperre:

R: „Das Referat nach der Pause klingt auch interessant, die Rednerin kennen wir ja aus einer anderen Fortbildung, das war letzten Herbst in Hamburg. Erinnern Sie sich? Sie hat viel Humor und schafft es, auch komplizierte Dinge locker rüberzubringen."
S: „Fand ich gar nicht."

Kommunikationssperre: ______________________________

Auch diese Kommunikationssperre ist weit verbreitet. Achten Sie mal bei Diskussionen im beruflichen oder im privaten Umfeld darauf: Wir stellen oft ungeprüfte und nicht durch Argumente belegte Gegenbehauptungen auf: *„Stimmt doch gar nicht!"*. Verwenden sogar beide Gesprächspartner diese Kommunikationssperre, erreicht der Dialog unter Umständen schnell das Niveau einer Diskussion von Kindern im Sandkasten: *„Das ist mein Eimerchen!" – „Nein, das ist meins!" – „Nein, meins!" – „Meins!"* Und so weiter …
Wenn Sie widersprechen möchten, sollten Sie Ihre Gegenbehauptung stets zumindest argumentativ belegen. Beim Small Talk können und sollten Sie aber durchaus auch gewagte Behauptungen mal einfach stehen lassen können, statt in eine Diskussion einzusteigen: *„Das ist eine interessante Sichtweise."* Oder, wenn Ihnen nichts anderes dazu einfällt: *„Aha."*.

Es gibt noch mehr Kommunikationssperren – und Herr Schniedermeyer kennt sie alle:

„Delegation, liebe Kollegin, das ist das Zauberwort! Sie müssen einfach die richtigen Prioritäten setzen und auch mal entsprechend delegieren, dann können Sie sich auch für solche wichtigen Weiterbildungen freimachen."

Kommunikationssperre: ______________________________

Ein echter Besserwisser, nicht wahr? Herr Schniedermeyer tut hier etwas, das viele Menschen auf die Palme treibt: Er liefert Lösungen. Klingt zunächst doch gut, sogar hilfreich? Im Prinzip schon, nur: Er liefert die Lösung erstens ungefragt und zweitens für ein Problem, das er der Kollegin unterstellt, das sie aber möglicherweise gar nicht hat – oder zumindest noch nicht wahrgenommen hat …

Wenn wir jemanden um eine Lösung bitten („*Sie kennen sich doch gut aus – was könnte ich Ihrer Meinung nach tun?*"), freuen wir uns meist über einen Ratschlag (es sei denn, die vorgeschlagene Lösung ist sehr unbequem für uns. Aber wir hatten ja gefragt …).

Etwas völlig anderes sind ungebetene Lösungen und Ratschläge („*An Ihrer Stelle würde ich jetzt Folgendes tun …*") – sie werden in der Regel eher ungnädig aufgenommen. Das sollten wir uns und anderen also ersparen:

> Ganz gleich, wie gut wir uns mit einem Thema auskennen – auf Nachfragen geben wir gern Empfehlungen, unerbeten niemals.

Denn wer will schon beim Small Talk als Besserwisser – wie Herr Schniedermeyer – dastehen? Und der arbeitet weiter eifrig daran, sich unbeliebt zu machen:

> „Generell hängt doch alles am persönlichen Zeitmanagement, ich sage immer: Gute Planung ist die halbe Arbeit!"
>
> Kommunikationssperre: ______________________

Schwer, etwas darauf zu erwidern – im Grunde hat er ja Recht. Und trotzdem reizt der Satz irgendwie …

Lebensweisheiten zum Besten geben, moralisieren oder sogar predigen kommt in der Tat bei den meisten Gesprächspartnern nicht gut an. Sie kennen solche Sprüche, haben sich vielleicht sogar schon dabei ertappt, dass Sie sie selbst anbringen: „*Wer A sagt, muss auch B sagen!*"; „*Es geht im Leben eben nicht immer alles nach Wunsch!*"

Ein echter Dialog kann so kaum aufkommen – es sei denn, es treffen sich zwei Gleichgesinnte, die sich dann gegenseitig

mit ihren Lebensweisheiten überschütten: *„Genau, das sage ich meinen Kindern auch immer! Vor das Vergnügen hat der liebe Gott die Arbeit gestellt!“*
Lassen Sie's besser sein – befreien Sie Ihre Kommunikation von derartigen moralisierenden Sinnsprüchen und weitgehend inhaltsfreien Lebensweisheiten.

„Sie müssen unbedingt das Buch ‚Zeit nutzen, statt sie zu verschwenden‘ lesen! Das ist von diesem berühmten Wissenschaftler, dem Professor Börger. Wissen Sie was: Ich schicke es Ihnen nächste Woche mal zu, dann gucken Sie sich das mal genau an.“

Kommunikationssperre: ______________________

„Lesen Sie das unbedingt!“; „Jetzt lass uns das endlich mal machen!“; „Du gehst jetzt sofort los und holst mir das!“
Auffordern, anordnen, befehlen – eine weitere Kommunikationssperre. Auch hier gilt: In einer entsprechenden Situation jemanden aufzufordern, etwas zu tun, ist in Ordnung. Im Small Talk mit einer Kollegin im Befehlston zu kommunizieren, ist es nicht. War doch nicht so gemeint? Wirkt aber so, und darauf kommt es letztlich an.

„Das wird Ihnen gefallen, dieses Buch. Sie sind doch eine clevere Person, Sie haben sogar studiert, oder? Eine richtige Karrierefrau, ha ha!“

Kommunikationssperre: ______________________

Herr Schniedermeyer lobt. Aber Loben ist doch gut? Ja, stimmt absolut! Nur: Das Lob darf niemals gönnerhaft oder herablassend klingen, dann verfehlt es seine Wirkung komplett: *„Das machen Sie doch schon sehr schön.“; „Hätte ich Ihnen ja gar nicht zugetraut, dass Sie das schaffen.“* Auch allzu durchschaubare Schmeicheleien machen keinen guten Eindruck.

Ehrliche Anerkennung dagegen, die darf es jederzeit und zwar reichlich geben – aber die sieht eben anders aus als in diesem Beispiel.

„Wenn Sie da kein gutes Zeitmanagement haben, droht Ihnen irgendwann der Burn-out! Und dann werden Sie bereuen, dass Sie nicht eher was verändert haben!"

Kommunikationssperre: ___________________________

Die nächste Kommunikationssperre – Herr Schniedermeyer mahnt und warnt. Warnungen, Mahnungen, vielleicht sogar Drohungen: Diese Kommunikationssperre zeigt ganz deutlich, wie hier jemand unter Druck gesetzt, ihm ein schlechtes Gewissen gemacht werden soll. Die (angeblich unausweichlichen!) Konsequenzen werden drastisch benannt – das ist eine häufig angewandte Manipulationsstrategie: Kann man jemanden nicht von der gewünschten Verhaltensänderung überzeugen, dann versucht man, ihm ein schlechtes Gewissen zu machen, etwa so: *„Bitte, wenn du das nicht willst. Dir sollten aber die Konsequenzen klar sein …"; „Sie müssen ja wissen, was Sie da tun."*

Es gibt Dinge, die unterlässt man im Gespräch besser – jedenfalls dann, wenn man ein konstruktives und angenehmes Gesprächsklima anstrebt.
Überlegen Sie mal, welche Kommunikationssperren Sie häufig (zu häufig?) anwenden – die meisten von uns haben so ihre „Lieblinge", die übrigens durchaus mit der Lebenssituation oder dem Beruf zu tun haben können. So gebrauchen zum Beispiel viele Menschen, die in der Kranken- oder Altenpflege tätig sind, die Kommunikationssperre „herunterspielen, beschwichtigen" – nicht aus böser Absicht natürlich, sondern um die Patienten zu beruhigen. Das funktioniert jedoch nicht immer: Den frisch am Blinddarm Operierten tröstet es nicht sonderlich, wenn er hört, dass es schon „bald" besser wird. Mit ein bisschen Bedauern und

Mitleid, gefolgt von einem Schmerzmittel wäre ihm wahrscheinlich eher geholfen …

> Reflektieren Sie also Ihre Kommunikationsgewohnheiten. Ist Ihnen erst einmal bewusst, was Sie tun, können Sie es auch verändern.

Vorausgesetzt natürlich, Sie wollen es. Aber wer will schon ein Herr Schniedermeyer sein …

4.2 Killerphrasen

Jeder kennt sie, diese Phrasen, die das Gespräch regelrecht abwürgen: *„Das kann ich mir nicht vorstellen.“; „Das bringt doch sowieso nichts.“; „Das hat noch nie funktioniert.“* Und die absolute Lieblingsphrase im Job: *„Das haben wir aber noch nie so gemacht!“*
Ärgert es Sie ganz fürchterlich, wenn jemand diese Phrasen drischt? Killerphrasen sind weit verbreitet; sie werden beispielsweise gern zur Abwehr eingesetzt: Wenn wir uns auf das Gesagte einließen, hätte das ja Konsequenzen, wir müssten etwas tun, das uns nicht so angenehm erscheint …

Beispiel: Zwei Kolleginnen unterhalten sich in der Mittagspause

A: „Du hast doch auch immer so schreckliche Rückenschmerzen – ich habe da jetzt etwas entdeckt, das mir hilft: Ich gehe zweimal die Woche zum Pilates, das ist so eine Art Gymnastik, die die Muskeln stärkt. Und seit Kurzem sind meine Rückenschmerzen wie weggeblasen!“
B: „Kann ich mir gar nicht vorstellen.“
A: „Doch, wirklich! Es ist zwar ganz schön anstrengend, ich hatte die ersten Wochen furchtbaren Muskelkater, aber jetzt geht es mir super – komm doch mal mit.“
B: „Bei mir funktioniert das sowieso nicht.“

Das Prinzip ist klar, nicht? Wer im Gespräch nicht uneinsichtig und träge wirken möchte, gibt seine Blockadehaltung auf und gewöhnt sich den Gebrauch von Killerphrasen ab. Und was macht man, wenn der Gesprächspartner beim Small Talk ein sturer Killerphrasenbenutzer ist? – Wenn Sie das Gespräch nicht ohne weiteres beenden können, weil Sie z.B. beim Geschäftsessen neben dem Chef oder einem wichtigen Kunden sitzen, können Sie

- entweder das Thema wechseln oder
- mittels Fragetechnik versuchen, die Blockadehaltung „aufzuweichen“:

Nehmen wir an, Sie erzählen Ihrem Gesprächspartner, dass Sie dabei sind, ein Haus zu bauen. Sie haben die Planung gemeinsam mit einem Architekten erstellt und wollen jetzt – aufgrund Ihrer Erfahrungen als Projektmanager – den ganzen Ablauf selbst managen und steuern. Ihr Gesprächspartner: *„Das klappt sowieso nicht, das werden Sie schon sehen. Hat bei uns auch nicht funktioniert.“*
Wenn Sie jetzt „dranbleiben“ wollen, können Sie es mit zwei unterschiedlichen Frageformen probieren.

- Die analysierende, forschende W-Frage: *„Wie sind Sie denn bei Ihrem Hausbau vorgegangen?“*
  Jetzt wird Ihr Gesprächspartner Ihnen zwar vermutlich alles aufzählen, was nicht geklappt hat – aber immerhin sind Sie weiter im Gespräch. Und vielleicht kriegen Sie sogar ein paar nützliche Hinweise, worauf Sie beim Hausbau wirklich achten sollten …

- Sie können die W-Frage auch konstruktiv stellen bzw. nach der analysierenden eine konstruktive Frage formulieren: *„Was würden Sie aufgrund Ihrer Erfahrung denn heute anders machen?“*
  Und jetzt kann Ihr Gesprächspartner nicht mehr einfach nur negativ sein – jetzt muss er konstruktiv werden, seine Blockadehaltung verlassen.

4.3 Trigger (Reizformulierungen)

Genauso, wie es positive Formulierungen mit entsprechender Wirkung gibt, gibt es auch Wörter und Floskeln, die eine spürbar negative Wirkung auf uns haben. Dass solche Reizwörter oder -formulierungen im Small Talk nichts zu suchen haben, leuchtet ein. Lassen Sie folgende Sätze auf sich wirken:

- „Aber Sie müssen doch zugeben …“
- „Das müssen Sie doch einsehen!“
- „Sie müssen schon entschuldigen, aber …“

Das Wort „müssen“ löst in der Regel eine Gegenreaktion aus: Muss ich wirklich? Und schon bin ich auf Widerstand gepolt.
Ähnlich sieht es aus, wenn uns jemand erzählt, dass wir etwas (angeblich) nicht können:

- „Sie können aber doch nicht …“
- „Das können Sie mir nicht erzählen!“

Auch hier formiert sich Widerstand: Und ob ich kann!

Das unpersönliche „man“ gehört ebenfalls zu den Triggern:

- „Man darf aber natürlich nicht …“

Wer ist „man“? Ich nicht!

Bei den folgenden Sätzen muss man ein äußerst gelassener, in sich ruhender Mensch sein, um sich nicht aufzuregen:

- „Was Sie da sagen, stimmt so natürlich nicht.“
- „Da haben Sie mich wohl nicht richtig verstanden …“
- „Ich habe Ihnen ja eben schon erklärt …“
- „Sie irren sich, wenn Sie denken …“
- „Wenn Sie mal ganz ehrlich sind …“

Diese Aussagen wirken ziemlich nervig, oder? Also: Bitte abgewöhnen oder wenigstens weitgehend vermeiden!

5 Wie mache ich über die Körpersprache einen guten Eindruck?

Körpersprache verstehen und nutzen

Der erste Eindruck, den Sie auf jemanden machen oder den Sie von jemandem gewinnen, entsteht durch das gesprochene Wort (d.h. durch das, *was* Sie sagen) und durch die Körpersprache, also *wie* Sie es sagen: mit welcher Körperhaltung, Mimik, Gestik, Stimme und in welchem Tonfall.

Wie hoch, schätzen Sie, ist der Anteil der Körpersprache an diesem ersten Eindruck?

__________ %

Lagen Sie richtig? Tatsächlich hat der amerikanische Psychologe Albert Mehrabian in den 1970er-Jahren die These aufgestellt, dass sich 93 % des ersten Eindrucks, den wir von anderen Menschen haben oder auf diese machen, über die Körpersprache übermitteln:

- Stolze 55 % des ersten Eindrucks entstehen über die Haltung, die Gestik und die Mimik:
  - Wie steht, geht und sitzt jemand – z.B. offen oder verschlossen, aufrecht oder gebückt?
  - Welche Gestik zeigt er/sie – ruhige Gesten, ausladende, vielleicht hektische oder so gut wie gar keine?
  - Auch die Mimik spricht Bände: Schaut jemand ernst, lächelt er/sie, wirkt das Gesicht ausdruckslos?
- Immerhin noch 38 % des ersten Eindrucks resultieren aus Stimme und Tonfall:
  - Wie ist das Redetempo?
  - Betont jemand ausdrucksvoll oder eher monoton?

- Spricht er/sie mit sehr tiefer oder hoher Stimme?
- Ist die Stimme barsch oder weich?
- Wie ist die Lautstärke – sehr leise, sodass man dauernd nachfragen muss, oder so laut, dass man doppelten Abstand halten muss, um nicht taub zu werden?

◆ Nur 7% des ersten Eindrucks dagegen entstehen durch das gesprochene Wort.

Die Worte selbst, die Sie zu Beginn eines Gesprächs wählen, sind also gar nicht so entscheidend. Der Gesichtsausdruck (freundlich und interessiert), der Händedruck (kurz, trocken, fest), die Haltung (aufrecht und offen) und die Tonlage (ausdrucksvoll) dagegen sind es sehr! Nach diesem ersten Eindruck wird dann natürlich das gesprochene Wort wieder wichtiger – allerdings ist es schwer, gegen einen mäßigen oder sogar katastrophalen ersten Eindruck anzureden …

Unsere Körpersprache ist also weit mehr als nur ein Begleitprodukt der gesprochenen Sprache; sie übertrifft diese sogar oft an Genauigkeit und Ausdruckskraft.

- „Herr Meyer, wie schön, Sie hier zu treffen! Wie geht es Ihnen – gut sehen Sie aus!“

Diese Small-Talk-Eröffnung bedarf der passenden Körpersprache, um überzeugend zu sein: offene Körperhaltung, herzliches Lächeln, eine zur Begrüßung ausgestreckte Hand und eine entsprechende Stimmlage und Betonung.
Werden hingegen dieselben Sätze mit unbewegtem Gesicht, monotoner Stimme, den Händen in den Hosentaschen und mit abgewandtem Blick geäußert, ist Herrn Meyer klar: Da will jemand krampfhaft höflich sein und freut sich in Wahrheit kein bisschen, ihn zu sehen.
Wenn Sie also nicht sagen, was Sie meinen, etwa weil Sie höflich sein möchten und deswegen eine Lüge äußern, dann wird Ihre Körpersprache Sie mit ziemlicher Sicherheit verraten – es sei denn, Sie sind ein äußerst begabter Schauspieler.

Botschaften, in denen sich Körpersprache und Sprache widersprechen, verringern die Glaubwürdigkeit – und die ist ein wertvolles Gut in der Kommunikation.

Aber nicht nur die eigene Körpersprache ist bei Gesprächen im Allgemeinen und beim Small Talk im Besonderen wichtig: Wenn Sie auch auf die Körpersprache Ihres Gegenübers achten, hilft Ihnen das, ihn oder sie besser zu verstehen.
Allerdings sollten Sie körpersprachliche Signale, die Sie wahrnehmen, überprüfen, z.B. durch Nachfragen (*„Ich sehe, Sie runzeln die Stirn. Sind Sie anderer Meinung?"*). Einzelne Signale wie etwa verschränkte Arme sagen in der Regel nur wenig aus. Erst in Kombination mit anderen Signalen (z.B. kein Blickkontakt mehr, abgewandte Körperhaltung) kann man verschränkte Arme als Abweisung oder Desinteresse interpretieren. In Verbindung mit Blickkontakt und einem interessierten Gesichtsausdruck dagegen sind die verschränkten Arme schlicht und einfach eine Aufmerksamkeitshaltung – verschlossen ist da gar nichts.

Meistens liegen wir mit unserer bewussten oder unbewussten Deutung von Körpersprache richtig. Die wesentlichen mimischen Ausdrucksformen, also grundlegende Emotionen wie Freude, Trauer, Ekel oder Angst, gelten als angeboren, und die dazugehörigen Gesichtsbewegungen sind in allen Kulturen, bei beiden Geschlechtern und in jedem Lebensalter weitgehend identisch.

Durch dieses verbindende Erbe ist also eine Grundverständigung aller Menschen möglich – über alle kulturellen oder geschlechtlichen Grenzen hinweg.

Ob sich jemand freut, mit Ihnen Small Talk zu halten, oder ob er sich weit weg wünscht, können Sie ihm oder ihr meist am Gesicht ablesen.
Während die grundlegenden mimischen Ausdrucksformen also angeboren sind, wird ein anderer Teil der Körpersprache – Haltung, Gestik und Stimme sowie Tonfall – im Um-

gang mit den Mitmenschen übernommen bzw. anerzogen. Hier gibt es dann entsprechende Unterschiede zwischen verschiedenen Kulturkreisen, zwischen unterschiedlichen Generationen, zwischen den Geschlechtern, wie die folgenden Überlegungen veranschaulichen:

- Vergleichen Sie die typische Gestik eines Nordeuropäers mit der eines Südeuropäers: Während der Erste kaum beobachtbare Gesten zeigt, die Arme meist dicht am Körper hält oder die Hände gleich in die Taschen steckt, gestikuliert der Südeuropäer mit weit ausholenden und ausdrucksstarken Arm- und Handbewegungen.
- Oder vergleichen Sie das Sprechtempo eines deutschen Großstädters (z.B. aus Berlin) mit einem Menschen, der auf dem Land lebt (z.B. in Ostfriesland, dem Sauerland oder dem Schwarzwald). Das sind Unterschiede!
- Und auch die Körpersprache von Männern und Frauen – selbst wenn sie gleichaltrig sind und im gleichen Kulturkreis geprägt – unterscheidet sich beträchtlich: Wo ein Mann eher breitbeinig sitzt (und sitzen darf!), schlägt die Frau die Beine übereinander oder setzt sie sittsam eng nebeneinander.

Körpersprache beim Small Talk – was wirkt sympathisch, was wirkt unsympathisch? Darum geht es im Folgenden.

5.1 Körperhaltung

Darauf sollten Sie bei der Körperhaltung achten:

- Eine offene, aufrechte, entspannte und dem Gegenüber zugewandte Haltung bringt Sympathiepunkte, sie strahlt Sicherheit und Vertrauen aus. Jemand, der so steht/geht/sitzt, wirkt souverän, selbstbewusst und interessiert.
- Eine geschwollene Brust wirkt tatsächlich aufgeblasen, während das Gegenteil (hängende Schultern und eingezogener Kopf) vermuten lässt, dass hier jemand eine schwere Last zu tragen hat, gestresst oder unsicher ist.

- Der in den Nacken gelegte Kopf zeigt eine distanzierte Haltung und kann – besonders bei einer gewissen Körpergröße – arrogant wirken. Den Kopf leicht nach vorn zu beugen signalisiert dagegen Interesse und Neugier.
- Stehen (oder sitzen) Sie mit beiden Beinen fest auf dem Boden – das zeigt und fördert eine gewisse Standfestigkeit. Wippen Sie nicht mit den Füßen – das wirkt nervös und macht Ihre Gesprächspartner nervös.

Ist Ihre Körperhaltung aufrecht, locker und offen? Testen Sie es vor einem Ganzkörperspiegel aus:

- Betrachten Sie sich von vorn und von der Seite.
- Lassen Sie sich ggf. von einem vertrauten Menschen in eine aufrechte Körperhaltung bringen.
- Falls Ihre Haltung eher in Richtung Rundrücken oder Hohlkreuz tendiert, klären Sie mit Fachleuten die Ursachen und die Möglichkeiten, es zu beheben.

Und wenn man nicht steht, sondern sitzt?

- Das Sitzen auf der Stuhlkante mit vorgebeugtem Oberkörper, die Füße in Schrittstellung zeigt, dass hier jemand offensichtlich „auf dem Sprung“ ist, nicht bleiben möchte – diese Sitzhaltung signalisiert Unsicherheit oder Angst.
- Auch die um einen Stuhl geschlungenen oder sehr eng übereinandergelegten Beine drücken Anspannung, Nervosität und Unsicherheit aus.
- Eine Sitzhaltung mit gestreckten oder auch gespreizten Beinen dagegen demonstriert Vertraulichkeit und (Nach-)Lässigkeit – und ist damit zumindest bei offiziellen, beruflichen Anlässen absolut fehl am Platz.

Ja, und wie sitzt man nun richtig? Sympathisch wirkt eine offene, leicht vorgeneigte, also dem Gesprächspartner zugeneigte Sitzhaltung – so zeigt man sich interessiert und anteilnehmend.

5.2 Distanzzonen

„Zwischenmenschliche Beziehungen sind ‚mit Abstand' die besten." Gerhard Uhlenbruck (*1929), dt. Aphoristiker, Immunbiologe und Hochschullehrer

Viele häufig benutzte Redewendungen zeigen ziemlich deutlich, wie positive Körpersprache aussehen sollte: jemanden mit „offenen Armen" empfangen, „Zuneigung" zeigen, jemanden „eines Blickes würdigen". Und auch, was wir nicht tun sollten, spiegeln zahlreiche Redewendungen wider: jemandem „zu nahe treten", ihm oder ihr „auf die Füße treten" oder „auf die Pelle rücken".
Kommt Ihnen folgende Situation bekannt vor?

Sie unterhalten sich auf einer Feier mit jemandem, den Sie eben erst kennen gelernt haben. Dieser Fremde kommt Ihnen Ihrem Empfinden nach viel zu nah. Ihre Reaktion: Sie weichen einen Schritt nach hinten aus. Das ist Ihrem Gesprächspartner wohl zu viel Distanz – er verringert den Abstand, indem er Ihnen folgt: ein Schritt nach vorn. Sie ziehen sich wiederum zurück – vorausgesetzt, der Fluchtweg nach hinten ist offen und unverstellt, es drückt sich Ihnen weder ein Sofa in die Kniekehlen noch prallen Sie an eine Wand. Nützt bloß nichts – Ihr Gegenüber, der offensichtlich Nähe schätzt, rückt auf ...

Unangenehm, oder? Dabei ist es so einfach zu vermeiden, dass sich jemand bedrängt fühlt. Zwar ist das Bedürfnis nach Nähe individuell und je nach Kulturkreis unterschiedlich, es gibt aber Mindestabstände, die Sie selbst – auch wenn andere es nicht immer tun – einhalten sollten:

Die Intimzone

Die Intimzone reicht vom direkten Körperkontakt bis zu einer Distanz von ca. 60 cm, also etwa einer Armlänge. In diese Zone lassen wir freiwillig nur Menschen, denen wir ab-

solut vertrauen, also den oder die Partner/-in, Familienmitglieder, enge Freunde oder aber Menschen, die aufgrund ihres Berufes eine „Sondergenehmigung“ haben, wie etwa Ärztinnen und Ärzte oder Friseurinnen und Friseure.
Eine Missachtung dieser Intimzone ist letztlich nichts anderes als eine (wenn auch vielleicht unbeabsichtigte) Missachtung der Person. Sorgen Sie also dafür, dass Sie Ihrem Gesprächspartner beim Small Talk (und nicht nur da) nicht „auf die Pelle rücken“, sondern ihm oder ihr den benötigten „Freiraum“ lassen.

> Jeder fehlende Zentimeter Distanz wird als unangenehm empfunden – und dass sich dies kontraproduktiv auf den Small Talk auswirken wird, ist sicher.

Eine Verletzung der Intimzone produziert nämlich beim Gegenüber Stress und das damit verbundene typische Verhalten: Angriff oder Flucht. Und das heißt: Das Gespräch wird zunehmend aggressiv geführt oder Ihr Gegenüber verdrückt sich, so schnell er oder sie es kann.
Und was können Sie selbst tun, wenn Ihnen jemand zu nahe kommt? Am besten nicht ausweichen, sondern eher auf Abschreckung setzen:

- Halten Sie den Blickkontakt – und gucken Sie dabei nicht zu freundlich, knipsen Sie Ihr gewinnendes Lächeln mal kurz aus.
- Heben Sie den Kopf etwas an – Sie wissen ja, das wirkt distanziert und schafft so auch die im normalen Gespräch weniger, hier aber sehr erwünschte Distanz.
- Setzen Sie Ihre Hände und Arme ein und gestikulieren Sie in einer solchen Situation ruhig etwas raumgreifender als sonst in Richtung Ihres Gegenübers – auch das schafft den benötigten Platz.
- Und wenn wirklich überhaupt nichts mehr geht, beenden Sie das Gespräch höflich. (Wie das geht? Mehr dazu in Kapitel 9.)

Die persönliche Zone oder Dialogzone

Die persönliche Zone oder Dialogzone hat einen Radius von ca. 60 bis 120 cm. Das entspricht in etwa der Distanz, die beim Händeschütteln erreicht wird. Diese Zone ist ideal für den Small Talk mit Personen, die Ihnen nicht völlig fremd sind, also mit Bekannten, Kollegen, vertrauten Kunden – im Grunde mit all jenen Menschen, mit denen Sie ein entspanntes, wenn auch nicht vertrautes Verhältnis verbindet, mit denen Sie gern reden, die Sie als Dialogpartner akzeptieren. Und das können manchmal auch Vorgesetzte sein.

Die soziale Zone oder Respektzone

Die soziale Zone oder Respektzone lässt dem Gegenüber noch etwas mehr Raum, nämlich etwa 120 bis 200 cm. Sie ist die Zone für oberflächliche soziale Kontakte, für Kontakte mit Personen, die in der Hierarchie über uns stehen, und für alle Menschen, die Sie nur flüchtig kennen, gerade erst kennen gelernt haben oder kennen lernen wollen.
Je sensibler Sie selbst für diese Abstandszonen werden, umso eher werden Sie merken, wann Sie anderen im wahrsten Sinne des Wortes „auf die Füße treten". Um diese Sensibilität zu trainieren, machen Sie folgende Übung:

Übung

Lassen Sie einen Ihnen sehr vertrauten Menschen langsam auf Sie zugehen. Sobald Sie merken, dass Ihnen der Abstand zu gering wird, Sie sich nicht mehr wohl fühlen, die Spannung in Ihrer Nackenmuskulatur steigt, sagen Sie „Stopp" und schätzen oder messen den Anstand zwischen Ihnen und Ihrem Gegenüber aus. Wiederholen Sie diese Übung dann mit einem guten Bekannten – wie groß ist der Mindestabstand diesmal?

> Wie viel Distanz hätte Ihr Übungspartner am liebsten? Entsprechen die Abstände in etwa den beschriebenen Distanzzonen – oder mögen Sie oder Ihr Übungspartner mehr Distanz bzw. mehr Nähe als die meisten anderen Menschen?

Achten Sie auch bei fremden Menschen darauf, wie nahe Sie ihnen kommen dürfen: Halten Sie eher etwas zu viel als zu wenig Abstand, Ihr Gegenüber kann die Distanz ja verringern, wenn er oder sie das möchte (vorausgesetzt natürlich, Sie lassen das zu).

5.3 Gestik

Wir reden mit unseren Händen, sie gehören zu unseren wichtigsten Kommunikationsmitteln: Wir be-greifen etwas, wir zeigen, berühren, beschreiben, nehmen und geben.
Das Spektrum der Gesten ist entsprechend breit gefächert: Es gibt lebhafte, schnelle, ausladende und ausdruckstarke Gesten; nüchterne, zurückhaltende, sehr dezente Gesten und auch dominante, arrogante, sogar obszöne Gesten.
Hier nun einige Tipps, die Ihnen bei einem bewussten und stimmigen Einsatz von Gesten helfen können:

- Unterstreichen Sie, was Sie sagen, mit natürlicher Gestik – gestikulieren Sie nicht zu hastig.
- Die Gesten beginnen idealerweise etwa auf Höhe des Solarplexus, also eine Handbreit über dem Nabel, und öffnen sich zum Gesprächspartner hin.
- Gesten, bei denen sich die Hände zum Gegenüber hin öffnen, wirken im Allgemeinen angenehm. Das Zeigen der Handinnenflächen weckt Vertrauen und lädt zum Austausch ein: Da hat jemand offensichtlich nichts zu verbergen, nichts „in der Hinterhand“. Es versteht sich also von selbst, dass die Hände beim Small Talk weder in die Jacken- oder Hosentaschen noch auf den Rücken gehören.

- Abweisend wirken Hände, die nicht zu sehen sind, ebenso wie die zudeckende Hand, die nur den Handrücken zeigt und so auf dem Tisch oder, noch schlimmer, unter dem Tisch, auf den Beinen oder auf den Stuhllehnen liegt. Das vermittelt den Eindruck, man hätte etwas zu verbergen.
- So genannte ikonische Gesten, die parallel zum Gesprochenen erfolgen und die Inhalte bildlich darstellen, wirken besonders ausdrucksstark und machen das Gesagte einprägsam.
- Alle Dominanzgesten dagegen wie etwa der hochgereckte oder auf andere einstechende Zeigefinger lösen beim Gegenüber negative Gefühle aus: Widerspruch, Konfrontation, Aggression, Flucht oder Abwehr.
- Verlegenheitsgesten wie das Zupfen an der Kleidung, an den Haaren oder am Schmuck zeigen, dass jemand unsicher ist, sich nicht wohl fühlt.
- Gesten, mit denen wir andere Menschen berühren, haben beim Small Talk in unserem Kulturkreis nichts zu suchen: Sowohl das (anerkennende bis gönnerhafte) Schulterklopfen wie Berührungen der Hände und Arme verletzen die Intimzone des Gegenübers.

5.4 Mimik

Welche Mimik wirkt sympathisch? Ganz einfach: Das freundliche, lebhafte und interessierte Gesicht. Und das entsteht durch Blickkontakt, eine Mimik, die das vom Gesprächspartner Erzählte spiegelt, und ein echtes Lächeln (bei dem die Augen mitlächeln). Lächeln sollten Sie aber natürlich nur da, wo es passt: Erzählt Ihr Gegenüber z.B. gerade etwas Hochdramatisches, ist ein Lächeln eher unpassend.
Negativ dagegen wirken z.B. …

- die gerümpfte Nase als Zeichen von Ablehnung (Hier stinkt es jemandem!),

- zusammengepresste Lippen, die ein gewisses Misstrauen signalisieren (Das nehme ich nicht auf/an!),
- nach unten gezogene Mundwinkel (Wie bitter das Leben doch ist …) und
- zusammengebissene Zähne (Anspannung pur!).

Die Mimik zu spiegeln, funktioniert automatisch – vorausgesetzt, wir hören wirklich hin. Getreu dem Leitsatz „Nur Sympathie schafft Sympathie" sollten Sie sich von eventuellen negativen Vorurteilen gegenüber Ihrem Gesprächspartner befreien – das hat den positiven Effekt, dass es dann mit dem Lächeln besser klappt.

Wie aber hält man richtig Blickkontakt? Dass Blickkontakt wichtig ist, steht fest. Wenn Ihr Blick abschweift, während Ihr Gegenüber spricht, signalisiert das im günstigsten Fall (also wenn Ihr Blick nur ganz kurz abschweift), dass Sie versuchen, das Gehörte einzuordnen, zu überprüfen.
Längere Phasen des Wegschauens können dagegen Desinteresse, Unkonzentriertheit, Ermüdung, Genervtheit, Langeweile, Abneigung bedeuten – und das macht garantiert nicht sympathisch. Allerdings gibt es unterschiedliche Arten, den anderen anzuschauen – und nicht jede davon ist für den Small Talk zu empfehlen:

- Ein intensiver Blick mit gerader Sehlinie und angespannter Nackenmuskulatur ist eine Fixierung des Gegenübers, ein Kräftemessen, das sich durchaus auf eine Konfrontation zubewegen kann. Damit ist es für Small Talk ungeeignet.
- Ein tiefer, inniger Blick mit entspannter Augen- und Nackenmuskulatur signalisiert Verständnis, Zuneigung, Liebe – das geht im Small Talk ein bisschen zu weit.
- Ein nach oben gerichteter Blick wirkt, als suchten Sie gewissermaßen Beistand von oben, und kann als Zeichen von Überforderung oder Ungeduld (*„Herr, steh mir bei!"*) interpretiert werden. Er macht Sie bei Ihrem Small-Talk-Partner wahrscheinlich nicht beliebt.

- Ein zu Boden gerichteter Blick lässt sich als Zeichen von Vorsicht oder Unsicherheit deuten, ein niedergeschlagener Blick gar als Demuts- und Unterwerfungsgeste.
- Geschlossene Augen sollten Sie beim Small Talk vermeiden – sie könnten auf Müdigkeit und Erschöpfung hindeuten.
- Weit geöffnete Augen hingegen vermitteln Überraschung oder den Wunsch nach mehr Information.
- Zusammengekniffene Augen vermitteln den Eindruck, dass Sie eine Vertiefung und Detaillierung des Gesagten wünschen, und drücken manchmal auch eine gewisse Skepsis aus.

Der „perfekte" Blickkontakt im Gespräch ist der „N-N-Kontakt": Ihre Nase und Ihr Nabel sind auf einer Linie dem Gegenüber zugewandt. Sprechen Sie mit mehreren Menschen, wenden Sie sich immer demjenigen zu, der spricht bzw. zu dem Sie sprechen.
Nur Augenkontakt zu halten, womöglich über die Schulter, reicht nicht aus – es sollte Zuwendung im wahrsten Sinne des Wortes sein. Um Blickkontakt zu halten, müssen Ihre Augen nicht ununterbrochen die Pupillen des Gesprächspartners fixieren – lockerer Kontakt zum Gesichtsfeld genügt.

5.5 Stimme und Tonfall

Wir nehmen in Gesprächen bei unserem Gegenüber in Bezug auf Stimme und Tonfall Folgendes wahr:
- den Klang der Stimme,
- die Artikulation und das Sprechtempo,
- die Betonung und die Lautstärke,
- den Dialekt (sofern vorhanden) und die Atmung.

Auf der Grundlage dieser Eindrücke bilden wir unsere Meinung – teils unbewusst, teils bewusst.

Was kann man tun, um auch in diesem Bereich der Körpersprache sympathisch zu wirken? Die meisten von uns hören gern Menschen zu, die lebhaft betonen, klar und deutlich artikulieren, eine weiche, volle, nicht zu hohe Stimme haben und in einer angenehmen Lautstärke sprechen. Um dieses Ideal zu erreichen, beachten Sie folgende Tipps:

- Achten Sie als Erstes auf Ihre Atmung, atmen Sie tief und gleichmäßig – das verbessert Stimmvolumen und Resonanz und macht die Stimme meist auch etwas tiefer. Wer zu schnell und zu flach atmet, dem bleibt im wahrsten Sinn des Wortes „die Luft weg" – dadurch klingt die Stimme flach, gepresst und wenig ausdrucksstark.
- Sprechtempo und -lautstärke hängen vor allem von Ihrem Gesprächspartner ab: Ist er oder sie ein sehr extrovertierter Mensch und redet entsprechend laut und lebhaft, sollten Sie nicht allzu leise und zaghaft sprechen. Umgekehrt empfinden leise und schüchterne Menschen einen temperamentvollen Gesprächspartner oft als anstrengend. Versuchen Sie Ihr Redetempo und Ihre Intensität also Ihrem Gegenüber anzugleichen – das fördert eine positive Gesprächsatmosphäre.
- Artikulieren Sie sauber und betonen Sie, was Sie sagen – etwa durch wechselnde Lautstärke und Pausen.
- Sprechen Sie deutlich, ohne Anfangs- und Endsilben zu verschlucken.

Deutliches Artikulieren können Sie trainieren, indem Sie die folgende Übung machen.

Sagen Sie folgende Zungenbrecher auf:

„Zwischen zwei spitzen Steinen sitzen zwei zischende Schlangen, lauernd auf zwei zwitschernde Spätzchen."

„Hinter dichtem Fichtendickicht picken dicke Finken tüchtig."

„Der Potsdamer Postkutscher putzt den Potsdamer Postkutschenkasten."

„Ein tschechischer Regisseur inszenierte ein französisches Stück – ein französischer Regisseur inszenierte ein tschechisches Stück."

„The thirty-three thieves thought that they thrilled the throne throughout Thursday."

Ihre Gedanken steuern Stimme und Tonfall

Was immer Sie über Ihren Gesprächspartner denken – Ihre Körpersprache spiegelt es meist deutlich wider. Ihr Empfinden steuert dabei nicht nur Gestik und Mimik, sondern auch Ihre Stimme und Ihren Tonfall. Versuchen Sie daher, in schwierigen Situationen negative Gedanken (*„Was für eine Nervensäge!"; „Was erzählt die denn für einen Blödsinn?"; „Mir ist soooo langweilig …"*) zu stoppen, ansonsten laufen Sie Gefahr, Ihre Gedanken bei Ihrem nächsten Redebeitrag ungewollt zu verraten.
Wie stark Stimme und Tonfall eine Aussage bestimmen, können Sie erleben, wenn Sie die folgende Übung machen:

Sprechen Sie den folgenden Satz mit der jeweils beschriebenen Stimmlage und Betonung laut aus. Welche Wirkung erzeugen Sie dadurch?

Übungssatz:
„Sie möchten also diesen Anzug umtauschen?"

Sprechen Sie den Satz …

1. mit monotoner, flacher Stimme.
   Aussage: ____________________
2. langsam und mit tiefer Stimme.
   Aussage: ____________________

3. in einer hohen Stimmlage und mit deutlicher Betonung.
   Aussage:______________________________

4. abgehackt und mit sehr lauter Stimme.
   Aussage:______________________________

5. langsam und mit hoher Stimme.
   Aussage:______________________________

Auflösung
1. Langeweile: „Mir ist erstens langweilig und zweitens sowieso alles egal.“; 2. Genervtheit: „Das ist mir alles zu viel – ich möchte einfach meine Ruhe haben.“; 3. Interesse, Anteilnahme: „Kein Problem – das mache ich doch gern!“; 4. Ungeduld: „Sie nerven mich!“; 5. Ungläubigkeit: „Wie bitte? Das kann ja wohl nicht Ihr Ernst sein!“

5.6 Wie viel Körpersprache ist eigentlich gut?

In der Kommunikation differenziert man zwischen Sendern und Empfängern einer (verbalen oder nonverbalen) Botschaft. Bei den Sendern kann man – etwas überspitzt gesagt – zwischen „guten“ und „schlechten“ Sendern unterscheiden: „Gute“ Sender, in der Regel selbstbewusste Menschen, übermitteln im Gegensatz zu „schlechten“ Sendern ihre Empfindungen unmittelbar; ihre Körpersprache ist ausgeprägt. Man sieht ihrem Gesicht und ihrer Köperhaltung an, wie es ihnen geht, was sie fühlen; sie lächeln häufig, sie gestikulieren, sie sprechen ausdruckstark und mit Betonung. Das kommt gut an:

> Menschen mit spontaner und ausdrucksvoller Körpersprache wirken interessant und attraktiv.

Kann man an seiner Ausstrahlung arbeiten? In der Tat, das geht. Lernen durch Angucken und (in Maßen) auch Nachahmen heißt das Rezept. Zu diesem Zweck gilt es zunächst zu ermitteln, was Menschen mit Charisma, mit positiver Ausstrahlung eigentlich auszeichnet: Es sind vor allem ihr Selbstbewusstsein, ihre Emotionalität, ihre Aufgeschlossenheit und ihre Originalität.

Um an diesen Attributen zu arbeiten, beachten Sie folgende Tipps:

- Machen Sie sich als Erstes bewusst, wovon Ihre Gesprächspartner bei Ihnen profitieren können: Sie sind ein interessanter Gesprächspartner, weil Sie z.B. eine schnelle Auffassungsgabe, Humor oder Wortwitz haben, oder dank Ihrer aufmerksamen Art zuzuhören, Ihrer Sensibilität, Ihres Einfühlungsvermögens. Eigene Stärken zu erkennen (und weiterzuentwickeln) ist die Basis eines gesunden Selbstbewusstseins und einer positiven Ausstrahlung.
- Zeigen Sie sich als „guter Sender“: Stehen Sie zu Ihren Emotionen und überlassen Sie die „Coolness“ anderen. Welchen Gesprächspartner finden Sie selbst interessanter: den kühlen, unbeteiligten oder den lebhaften, engagierten und begeisterungsfähigen?
- Reflektieren Sie Ihre Körpersprache, schauen Sie sich in einem Ganzkörperspiegel an: Wie stehen Sie, wie bewegen Sie sich, wie ist Ihr Gesichtsausdruck? Lächeln Sie, statt die Stirn zu runzeln, und lassen Sie die Arme locker hängen, statt sie fest vor der Brust zu verschränken.
- Kommunizieren Sie emotional und dialogorientiert: Hören Sie konzentriert zu, stellen Sie interessierte Fragen, äußern Sie (ehrlich gemeinte) Anerkennung, Lob und Komplimente.
- Zerbrechen Sie sich nicht ständig darüber den Kopf, was andere über Sie denken, und passen Sie sich nicht permanent an. Versuchen Sie, einen eigenen Stil zu entwickeln: Was könnte Sie unverwechselbar machen?
- Warten Sie nicht, bis man auf Sie zugeht – wagen Sie den ersten Schritt. Im nächsten Kapitel erfahren Sie, wie das geht.

Unterschiede zwischen weiblicher und männlicher Kommunikation

Es gibt viele Untersuchungen und viele Bücher zu den Unterschieden zwischen weiblicher und männlicher Kommunikation. Über eines ist man sich mittlerweile einig: Ja, es gibt Unterschiede zwischen den Geschlechtern (allerdings können auch die Unterschiede zwischen Angehörigen eines Geschlechtes beträchtlich sein):

- Frauen haben in der Regel einen eher Anteil nehmenden, Männer einen eher sachlichen Kommunikationsstil.
- Frauen wählen außerdem indirektere Formulierungen als Männer und verwenden mehr Konjunktive und „Unschärfemarkierer“ (*vielleicht, eigentlich, irgendwie*), sie schwächen also ihre Aussagen ab.
- Männer sehen Kommunikation als Mittel zur Selbstbehauptung, als Wettbewerb um Status und Anerkennung. Dementsprechend neigen sie z.B. auch mehr zu Unterbrechungen. Frauen hingegen suchen in Gesprächen stärker nach Bestätigung, Anerkennung und Unterstützung.
- Die Kommunikationsziele von Männern bestehen in der Regel darin, Informationen auszutauschen und Entscheidungen zu treffen. Bei Frauen stehen eher die Beziehungspflege und der Meinungsaustausch im Vordergrund.

Angesichts dieser Unterschiede zwischen den Geschlechtern ist zu vermuten, dass Frauen Small Talk mit seiner starken Beziehungsorientierung tendenziell leichter fällt und ihrem Kommunikationsverhalten eher entgegenkommt als dem der Männer.

Falls Sie als Mann mit Frauen Small Talk halten:

- Hören Sie zu und unterbrechen Sie nicht.
- Halten Sie dabei Blickkontakt.
- Gehen Sie verständnisvoll auf Stimmungen und Gefühle ein – etwa so: *„Das verstehe ich gut.“; „Das hört sich wirklich schlimm an.“*
- Spielen Sie nichts herunter – sagen Sie also nicht: *„Ach, das ist doch nicht so wild.“; „Das machen Sie doch mit links.“*
- Warten Sie mit Problemlösungen und Ratschlägen so lange, bis Ihre Gesprächspartnerin Sie danach fragt.
- Wenn Ihre Gesprächspartnerin eine selbstkritische Bemerkung macht, stimmen Sie bitte nicht mit ein. Frauen sind mit sich selbst eher überkritisch. Das Letzte, was sie brauchen, ist eine Bestätigung dieser Hyperkritik. Tabu sind also Äußerungen wie: *„Ja, mehr Sport würde Ihnen bestimmt gut tun.“*
- Reden Sie nicht nur über Geschäfte oder Sport – es gibt noch andere Themen.

Falls Sie als Frau mit Männern Small Talk halten:

- Vermeiden Sie zu viele indirekte Botschaften, Konjunktivformulierungen und „Unschärfemarkierer“ (*„Ich würde ja eigentlich auch gern mal nach New York fliegen.“; „Das fände ich irgendwie auch ganz interessant.“*). Das lässt Sie schwach wirken.
- Männer denken statusorientiert – und wollen ihr Gesicht nicht verlieren. Verzichten Sie daher auf unerbetene Verbesserungsvorschläge.
- Bremsen Sie Ihr Mitteilungsbedürfnis auf ein Maß, mit dem Sie Männer nicht überfordern.
- Lassen Sie sich aber nicht unterbrechen – entweder sprechen Sie einfach weiter, oder Sie sagen freundlich: *„Moment, ich bin noch nicht fertig“; „Lassen Sie mich das noch zu Ende erzählen.“*

6 Wie beginne ich den Small Talk?

Kontakte knüpfen

„Beisammen sind wir, fanget an!“ Johann Wolfgang von Goethe (1749–1832)

Wie komme ich mit jemandem in Kontakt, der mir völlig fremd ist? Kann ich ihn oder sie einfach so ansprechen?

Es gibt mehrere Möglichkeiten, den Small Talk zu eröffnen und Kontakte zu knüpfen – auf jeden Fall sollten Sie nicht darauf warten, dass der Andere den ersten Schritt tut.
Viele haben eine gewisse Scheu davor, Wildfremde auf Feiern, Seminaren oder anderen Veranstaltungen anzusprechen. Diese anfängliche Hemmschwelle ist ganz natürlich, aber sie wird durch häufiges Überschreiten immer niedriger: Übung macht auch hier den Meister.

Auf Fremde zugehen

Am besten funktioniert es, wenn Sie zunächst einmal Ihre Körpersprache auf „offen und freundlich“ programmieren. Bewegen Sie sich im Raum (bei Stehpartys, Empfängen, in Pausen) bzw. nehmen Sie Platz (in Seminaren, bei Geschäftsessen etc.). Nun sind lockerer Blickkontakt (ca. drei Sekunden lang), nettes Lächeln und leichtes Kopfnicken ein guter Anfang.
Wenn der Andere Ihren Blick und vielleicht auch Ihr Lächeln erwidert, ist es Zeit für Ihren ersten Satz. Und der muss gar nicht besonders originell sein – schließlich wollen Sie ja nicht, dass Ihrem anvisierten Gesprächspartner die Luft wegbleibt, sondern dass er ohne große intellektuelle Verrenkungen sofort antworten kann.

Gefragt ist also in dieser Situation etwas eher Schlichtes – etwa in dieser Art:

- „Guten Abend! Woher kennen Sie denn unseren Gastgeber?“

Nachdem Ihr Gegenüber geantwortet hat, sind Sie wieder am Ball und erzählen ein bisschen von sich selbst, z.B.:

- „Ich bin übrigens Elke Wegener, eine Kollegin von Jochen, wir arbeiten seit acht Jahren zusammen.“

Wem das zu locker ist, der kann sich natürlich zunächst vorstellen und dann den Small Talk eröffnen:

- „Hallo, ich bin Andreas Wiebe. Haben Sie schon mal an so einem Telefontraining teilgenommen?“

Wenn Sie sich mit Namen vorstellen, nennen Sie am besten immer Vor- und Zunamen. Nur der Vorname (*„Hallo, ich bin der Stefan“*) kann je nach Anlass zu lässig wirken; nur der Nachname (*„Ich bin Frau Rottenmeyer“*) wirkt unter Umständen zu förmlich.

Für viele berufliche Situationen eignet sich auch ein etwas ausführlicherer Gesprächseinstieg mit Begrüßung, Höflichkeitsfloskel (*„Wie geht es Ihnen?“; „Schön, Sie zu treffen“*) und Vorstellung:

- „Guten Morgen! Schön, dass wir uns kennen lernen – ich bin Frau Mettmann aus der Vertriebsabteilung der Lüttkemeyer GmbH.“

Sie können Ihrem Gegenüber darüber hinaus Anknüpfungspunkte für den weiteren Dialog geben, indem Sie eine Frage anhängen oder etwas zum Anlass oder Umfeld sagen:

- „Sind Sie auch schon so gespannt auf den ersten Referenten?“
- „Ich bin das erste Mal hier – die Ankündigung für diese Tagung klang sehr interessant.“

Was tun, wenn man auf Ablehnung stößt? Sollte jemand auf Ihre nonverbale Kontaktaufnahme per Blick und Lächeln abweisend reagieren (etwa durch ausdrucksloses Starren oder Wegdrehen), probieren Sie es einfach bei den anderen Anwesenden weiter:

> Lassen Sie sich nicht entmutigen, nur weil es bei diesem Menschen nicht geklappt hat, und geben Sie bloß nicht auf.

Dass Ihr Gegenüber auf eine höfliche Vorstellung oder Frage in unhöflicher Weise nur einsilbig oder gar nicht antwortet, kommt selten vor – und sollte es tatsächlich mal passieren, betrachten Sie das nicht als Ihr Problem: Wenn er oder sie wüsste, welche Chance auf ein angenehmes Gespräch er oder sie sich verbaut hat! Wirklich Pech gehabt.
Aber im Ernst: Natürlich neigen wir dazu, solche Momente der Ablehnung persönlich zu nehmen und uns davon einschüchtern oder entmutigen zu lassen. Gehen Sie nicht gleich vom schlechtesten aller Fälle aus, nämlich davon, dass der andere Sie nicht sympathisch findet. Schließlich wissen Sie nicht, was in dem betreffenden Menschen vorgegangen ist: Vielleicht ist er einfach nur schüchtern und hat deshalb weggeguckt. Oder er hat gerade den Kopf voll mit Problemen und ist schlecht gelaunt.

Und was mache ich, wenn sich anscheinend alle anderen Leute schon kennen und in Grüppchen zusammenstehen? Wie bekommt man da Kontakt?

Das ist tatsächlich etwas komplizierter als der Kontakt mit Einzelpersonen – die ja vielleicht dankbar sind, dass jemand sie anspricht und von ihrem „Mauerblümchen"-Dasein erlöst. Schauen Sie sich die verschiedenen Gruppen zunächst mal an, schlendern Sie durch den Raum:
Falls Sie wahrnehmen, dass ein paar Leute die Köpfe zusammengesteckt haben und leise miteinander reden, sollten Sie von einer Kontaktaufnahme absehen. Hier hat man of-

fensichtlich etwas Vertrauliches oder Wichtiges zu besprechen – es wäre unhöflich, da zu stören.
Wenn die Menschen aber locker nebeneinander stehen und sich in normaler Lautstärke unterhalten, sieht es schon besser für Sie aus. Jetzt können Sie Folgendes tun:

- Sie gehen auf die Gruppe zu, stellen sich vor, geben reihum die Hand und schneiden ein Thema Ihrer Wahl an bzw. stellen eine entsprechende Frage …
  Den Gedanken allein finden Sie schon gruselig? Zugegeben – diese Methode ist nichts für zurückhaltende Naturen. Denn damit sie überzeugend wirkt, müssen Sie schon sehr locker und selbstbewusst auftreten. Es besteht darüber hinaus die Gefahr, dass dieses Vorgehen als störend bis aufdringlich wahrgenommen wird. Sie müssen also gut abwägen, wie sicher Sie sich fühlen und wie die Gruppe auf Sie wirkt.

- Eine andere Möglichkeit, die sich auch für zurückhaltendere Naturen eignet: Sie stellen sich zur Gruppe und hören erst einmal zu, über was gerade gesprochen wird. Sobald sich Ihnen eine Gelegenheit bietet, sich in das Gespräch einzuklinken, ohne unhöflich zu sein oder jemandem ins Wort zu fallen, sagen Sie etwas oder Sie stellen eine Frage:

  – „Ich höre gerade, dass Sie sich über den Aufbau einer Kunden-Datenbank unterhalten. Haben Sie damit bisher gute Erfahrungen gemacht? Wir planen so etwas in unserem Betrieb nämlich auch.“

Schon besser. Und wenn Sie, bevor Sie etwas sagen, mit einzelnen Gruppenmitgliedern schon nonverbalen Kontakt per Blick, Lächeln oder Kopfnicken aufgenommen und ein paar kurze (natürlich zustimmende) Bemerkungen gemacht haben, wirkt diese Art der Kontaktaufnahme noch besser.

Der Einsatz von Eisbrechern

Ganz gleich, ob Sie einzelne Menschen oder Gruppen ansprechen möchten: „Eisbrecher" erleichtern Ihnen die Kontaktaufnahme.

> Eisbrecher sind nichts anderes als einfache Floskeln, mit denen etwas sehr Offensichtliches und eher Unstrittiges angesprochen wird.

Die inhaltliche Aussage ist also im Grunde nicht wichtig, die Formulierung schlicht. Da die meisten dieser Eisbrecher beim Small Talk zum Standardrepertoire gehören, kann man sie leicht verwenden und es fällt auch nicht schwer, auf sie zu reagieren.
Originalität, rhetorische Gewandtheit, Witz – das brauchen wir hier nicht. Sie müssen damit noch nicht einmal ganz gezielt jemanden der Anwesenden ansprechen, oft reicht es, einen Eisbrecher in den Raum zu werfen – irgendjemand reagiert bestimmt.
Und wenn tatsächlich mal niemand reagiert? Dann ist das auch nicht schlimm: Es entsteht keine peinliche Situation, weil Eisbrecher schließlich fast wie ein Selbstgespräch wirken – beispielsweise so:

- „Das ist ja wieder eine Kälte heute!"
- „Ganz schön voll hier – das Thema spricht wohl viele an."
- „Interessante Architektur, dieses Gebäude."

Möchten Sie doch lieber den direkten Dialog? Dann suchen Sie den Blickkontakt zu jemand Bestimmtem aus der Gruppe und hängen Sie einfach noch eine Frage an die Eisbrecher-Floskel:

- „Jetzt brauche ich erst mal einen starken Kaffee – Sie auch?"
- „Eine tolle Veranstaltung, nicht wahr?"

Übung

Das können Sie auch: Überlegen Sie sich drei Beispiele für Eisbrecher-Floskeln – mit oder ohne angehängte Frage –, die Sie im beruflichen Small Talk häufig einsetzen können. Schreiben Sie sie dabei nicht nur hin, sondern sprechen Sie sie laut aus: So merken Sie am besten, ob der Satz nicht zu künstlich, zu „gewollt" klingt.

1. ______________________________

____

2. ______________________________

____

3. ______________________________

____

Persönliche Anrede

Mit Namen angesprochen zu werden, wirkt positiv. Versuchen Sie daher, sich den Namen Ihres Gegenübers zu merken.

Sie haben den Namen nicht verstanden? Dann fragen Sie höflich nach – das muss Ihnen nicht unangenehm sein. Peinlich wird es erst, wenn Sie den Gesprächspartner mit einem falsch verstandenen Namen ansprechen …

Sie können sich Namen nur schlecht merken? Dann probieren Sie folgende Merkhilfen aus:

- Visualisieren Sie: Stellen Sie sich vor Ihrem geistigen Auge ein zum Namen passendes Bild vor. Das klappt gut bei gegenständlichen Namen wie Müller, Jäger, Dickmann, Vogel oder Hundt.
- Bilden Sie Eselsbrücken (beispielsweise „Frau Hesse" wie der Dichter Hermann Hesse oder wie das Bundesland, nur ohne „n").

- Lassen Sie sich ausgefallene Namen buchstabieren.
- Fragen Sie nach der Herkunft:
  - „Ist das ein typischer Name hier in Bayern?“

Ihnen fällt der Name einer Person nicht ein, mit der Sie erst kürzlich zu tun hatten? Keine Panik:

- Geben Sie es einfach zu:
  - „Ich weiß Ihren Namen leider nicht mehr, ich habe so ein schlechtes Namensgedächtnis. Helfen Sie mir?“
- Um dem anderen zu zeigen, dass Sie sich erinnern, können Sie einen Aspekt Ihres letzten Treffens aufgreifen:
  - „Ach ja, wir haben uns ja erst im April gesehen – Sie wollten damals in den Osterurlaub fahren.“
- Sie umgehen die direkte Anrede und warten, ob sich jemand zu Ihnen gesellt, der Ihr Gegenüber kennt und eventuell mit Namen begrüßt. Diese Methode ist allerdings etwas riskant: Möchten Sie etwa eine dritte Person ins Gespräch einbeziehen, könnte es sein, dass Sie Ihren ersten Gesprächspartner vorstellen müssen – und dann geraten Sie natürlich ins Rudern, wenn Sie den Namen nicht mehr wissen.

7 Worüber spreche ich – und worüber besser nicht?

Geeignete und ungeeignete Themen beim Small Talk

„Das ist die Kunst des Gesprächs: alles zu berühren und nichts zu vertiefen.“ Oscar Wilde (1854–1900), irisch-englischer Schriftsteller

Welches Thema fällt Ihnen spontan ein, wenn Sie an Small Talk denken? Richtig: das Wetter! Und in der Tat ist das nicht nur ein Thema, das immer wieder gern genommen wird; es entspricht darüber hinaus auch den Regeln des Small Talks, denn das Thema Wetter …

- ist kaum konfliktträchtig (die meisten Menschen haben die gleichen Vorstellungen von schönem und schlechtem Wetter),
- kann niemanden verletzen,
- können Sie gegenüber jedem ansprechen, ohne ihn oder sie intellektuell zu überfordern, und
- ist sozusagen tagesaktuell: Wetter hat man schließlich immer.

Welche Themen sind darüber hinaus denkbar? Nun, falls Sie Ihren Gesprächspartner ein bisschen kennen, wissen Sie wahrscheinlich schon, für welche Themen er sich interessiert.
Falls Sie Ihr Gegenüber jedoch nicht kennen, liegt die Herausforderung und die Kunst des Small Talks darin, diejenigen Gesprächsthemen herauszufinden, die dem anderen Spaß machen, die ihn interessieren und dazu bringen, sich wohl zu fühlen.

Für Small Talk eignen sich generell alle Themen, die …

- kein bestimmtes Vorwissen, intellektuelles Niveau oder ausgeprägte (Allgemein-)Bildung voraussetzen,
- sich im Leben möglichst vieler Menschen wiederfinden,
- nicht konfliktträchtig oder allzu düster sind,
- bei denen sich normalerweise niemand „auf den Schlips getreten“ fühlen kann,
- angenehm und unterhaltsam aufbereitet werden können.

Natürlich kann es trotzdem vorkommen, dass das eine oder andere prinzipiell geeignete Thema mal auf Abneigung oder Desinteresse stößt.

> Beobachten Sie daher immer die verbalen und nonverbalen Reaktionen Ihres Gesprächspartners.

Wirkt er noch interessiert, hält er Blickkontakt? Ist der Gesichtsausdruck freundlich?
Sollte Ihr Gegenüber bereits verzweifelt die Blicke durch den Raum schweifen lassen, nervös von einem Bein auf das andere treten und nicht mehr zuhören (*„Ähm – was sagten Sie gerade?“*), dann haben Sie wohl nicht das richtige Small-Talk-Thema gewählt.

Praxistipp: Den Einstieg finden

Ganz gleich, welches Thema Sie wählen: Um den Einstieg zu finden, haben Sie immer zwei Möglichkeiten:

- Sie erzählen ein bisschen von sich und beziehen dann Ihren Gesprächspartner über Fragen ein. Diese Variante eignet sich für diejenigen, denen das Erzählen leicht fällt.
- Sie beginnen gleich mit einer Frage, auf die Ihr Gegenüber etwas zu erzählen hat. Diese Variante ist etwas für die eher Schüchternen: Sie selbst brauchen nämlich erst mal nicht so viel zu sagen.

Auf den folgenden Seiten finden Sie eine Auswahl an Themen, die sich für Small Talk eignen. Ergänzen Sie die Liste mit eigenen Themen, über die Sie gemäß den Small-Talk-Regeln sprechen könnten.

7.1 Small-Talk-Themen von A bis Z

☑ Anreise

Bei allen Anlässen, die nicht gerade vor der Haustür stattfinden, ist dies ein gut geeigneter Einstieg in den Small Talk: Wie und womit ist man hergekommen, hat man das Hotel / den Tagungsort gut gefunden … Sie kennen ja den alten Spruch: Wer eine Reise tut, hat was zu erzählen.

Mögliche Einstiegsfragen:

- „Und wie war Ihre Anreise?“
- „Haben Sie unser Firmengebäude gut gefunden?“
- „Sind Sie mit der Bahn oder dem Auto angereist?“

☑ Berufliches

Über berufliche Themen kann man unter Kollegen und mit Chefs fast immer sprechen. Allerdings: Wenn Sie Menschen aus dem beruflichen Umfeld bei privaten Anlässen treffen, gibt es bessere Themen als den Job.
Wichtig: Sprechen Sie keine kritischen Punkte, etwa Misserfolge, an, sondern eher harmlose oder sogar angenehme Dinge, auf die der andere gern eingehen wird. Gut geeignete Themen für den Small Talk sind z.B. Weiterbildungen, Fachbücher, die Sie gelesen haben, Fragen nach dem beruflichen Hintergrund und Alltag des Gegenübers.

Mögliche Einstiegsfragen:

- „Ich habe gehört, Sie sind im Marketing. Das ist sicher eine sehr spannende Tätigkeit?“

- „Wie kommt ihr denn mit dem neuen EDV-Programm klar?“
- „Sie waren doch letztes Wochenende auf dem Vertriebsseminar – welche Punkte fanden Sie denn am interessantesten?“

☑ Computer

Das ist vor allem in beruflichen Small-Talk-Situationen ein geeignetes Thema; im privaten Bereich sprechen Sie es entweder nur bei Interessierten an oder Sie halten es allgemein.

Mögliche Einstiegsfragen:

- „Mit welchem Programm machen Sie in Ihrer Firma die Terminplanung?“
- „Erinnern Sie sich noch an Ihren ersten Rechner?“
- „Demnächst soll es ja wieder Schnäppchen-PCs beim Discounter geben. Was halten Sie denn davon?“

☑ Dichter und Denker

Lesen Sie gern – Krimis, Gedichte, Actionthriller, Liebesromane, Fachbücher? Haben Sie den begründeten Verdacht, dass es Ihrem Gegenüber ähnlich geht? Dann sind Bücher jeder Art, Schriftsteller und Dichter ein gutes Thema.

Mögliche Einstiegsfragen:

- „Was ist Ihr Lieblingsbuch?“
- „Ich kenne jemanden, der liest immer zuerst das Ende eines Buches – erst dann entscheidet er, ob sich das ganze Buch lohnt. Wie finden Sie das?“
- „Haben Sie schon mal ein Hörbuch ausprobiert?“

☑ Einkaufen

Nicht nur für Frauen ein geeignetes Thema! Auch Männer kaufen ein. Und da bieten sich unzählige Themenfacetten an: etwa was man kürzlich in Sachen Kundenservice erlebt hat, was man erst neulich gekauft hat oder demnächst kaufen möchte, ob man gern einkauft oder nicht …

Mögliche Einstiegsfragen:

- „Geht Ihr Mann eigentlich gern einkaufen?"
- „Waren Sie schon mal in einen Designer-Outlet?"
- „Ich erlebe es beim Einkaufen immer häufiger, dass die Menschen beim Preis zu handeln versuchen – wie finden Sie das?"

☑ **Film und Fernsehen**

Sprechen Sie über Filme im Kino oder Fernsehen (*„Haben Sie letzten Sonntag den ‚Tatort' gesehen?"*) oder über sonstige Sendungen. Achten Sie aber darauf, dass das Thema zur „Zielperson" passt: Das Bekenntnis, ein Fan von Rosamunde-Pilcher-Verfilmungen (oder Horrorfilmen oder Telenovelas) zu sein, könnte zu einem unerwünschten Image führen. Immer auf der sicheren Seite sind Sie mit Fragen in der Art von *„Wie fanden Sie die Dan-Brown-Verfilmung?"*

Sollte Ihr Gesprächspartner eine Meinung vertreten, die stark von Ihrer abweicht, können Sie entscheiden, ob Sie …

- darüber diskutieren möchten (dann wird allerdings aus dem Small Talk unter Umständen ein Streitgespräch),
- das Thema diplomatisch wechseln möchten (*„Das ist ein interessanter Standpunkt. Welcher Film ist denn Ihr Lieblingsfilm?"*) oder
- statt des Themas lieber den Gesprächspartner wechseln (*„Oh, ich sehe da gerade eine Bekannte, die ich begrüßen muss. Bis nachher!"*).

Mögliche Einstiegsfragen:

- „Haben Sie schon den neuen Kinofilm XYZ gesehen?"
- „Was schauen Sie sich im Fernsehen gern an?"
- „Haben Sie eine/-n Lieblingsschauspieler/-in?"

☑ Gastgeber/-in

Gastgeber/-in kann eine Person, aber bei geschäftlichen Veranstaltungen (Hausmessen, Firmeneinweihungen etc.) auch ein Unternehmen sein. Das Thema eignet sich sehr gut, um Kontakte mit einem Unbekannten zu knüpfen – und um mehr über den Gastgeber zu erfahren.

Mögliche Einstiegsfragen:

- „Woher kennen Sie denn die Beckers?"
- „Die Eckhardt AG soll ja jedes Jahr diese Hausmesse veranstalten. Waren Sie schon mal hier?"
- „Kennen Sie Herrn Jürgens schon länger?"

☑ Hobbys

Die meisten Menschen haben mindestens ein Hobby – geeignet als Small-Talk-Thema ist sowohl das eigene als auch das des Gegenübers. Wenn Sie Letzteres schon kennen, können Sie es direkt ansprechen:

- „Sie sollen ja einen fantastischen Garten haben."

Ansonsten sind eher allgemein gehaltene Fragen gut:

- „Was machen Sie denn, um abends abzuschalten?"
- „Sie haben ja einen sehr stressigen Beruf. Bleibt Ihnen denn noch Zeit für Hobbys?"

Wenn Sie über Ihr eigenes Hobby sprechen möchten, achten Sie auf die Reaktionen Ihres Gesprächspartners. Ein Eishockeyfan findet womöglich ausführliche Beschreibungen Ihrer Yoga-Abende zum Gähnen, die Hobbypianistin kann eventuell nur wenig mit ausführlichen Schilderungen eines Motorrad-Rennens anfangen. Sehr ungewöhnliche Hobbys haben immer zudem auch ein gewisses Potenzial, andere zu verstören:

- „Ich halte in meiner Wohnung mehrere Schlangen und Mini-Alligatoren."

☑ Internet

Ein mittlerweile alltagstaugliches und Small-Talk-geeignetes Thema – vorausgesetzt, Sie gehen nicht zu sehr in technische Details. Tauschen Sie Erfahrungen aus: über gute Internet-Shops, Reisebüros, Suchmaschinen etc.

Mögliche Einstiegsfragen:

- „Wofür nutzen Sie denn das Internet hauptsächlich?"
- „Haben Sie schon mal etwas bei E-Bay ersteigert?"

☑ Kind und Kegel

Wenn Sie mit Menschen sprechen, die Sie kennen, sind Fragen nach dem Befinden von Kindern, Partner/-in, Eltern und sonstigen Verwandten immer ein guter und persönlicher Einstieg. Allerdings sollten Sie dafür die aktuelle Familiensituation Ihres Gesprächspartners kennen. Die Frage *„Und was macht Ihre Frau?"*, kurz nachdem der Befragte von derselben verlassen wurde, wäre eher kontraproduktiv.

Mögliche Einstiegsfragen:

- „Wie geht es Ihrer Frau?"
- „Ich habe gehört, Ihr Vater ist jetzt in Rente gegangen. Wie geht es ihm denn?"
- „Geht Ihre Jüngste schon zur Schule?"

☑ Lob

„Lob ist eine gewaltige Antriebskraft, dessen Zauber seine Wirkung nie verfehlt." (Andor Foldes, amerik.-ungar. Pianist, 1913–1992)

Stimmt. Wichtig dabei ist: Damit das Lob oder Kompliment ehrlich und glaubwürdig klingt, muss es ernst gemeint sein. Und es sollte eher beiläufig und zwanglos klingen, denn übertriebenes Schmeicheln (*„Was sehen Sie heute wieder zauberhaft aus, Frau Winter!"; „Herr Sommer, Sie sind einfach ein brillanter Redner, ich war absolut gefesselt von Ihrem*

Vortrag!") wirkt meist aufgesetzt und kommt daher nicht gut an. Auch anzügliche Komplimente über das Aussehen, die Figur etc. sind absolut verboten.
Verknüpfen Sie ein Lob oder Kompliment nicht mit einer direkt anschließenden Bitte – diese Form der Manipulation wird schnell durchschaut (*„Also, dein Beitrag in der Besprechung eben war wirklich klasse, du kennst dich in der Thematik ja super aus. Könntest du nicht auch mein Referat nächste Woche übernehmen? Du bist da doch eher die Fachfrau."*).

Mögliche Einstiegsfragen:

- „Sie sehen so erholt aus – waren Sie im Urlaub?"
- „Ich habe gehört, du machst jetzt eine nebenberufliche Weiterbildung zur Personalkauffrau – das finde ich toll, so viel Energie und Disziplin."
- „Darf ich Sie etwas fragen? Sie haben so eine schöne Uhr/Tasche/etc. – wo bekommt man so etwas?"

☑ Musik

Gibt es Menschen, die keine Musik hören? Wohl nur wenige. Musik ist also ein gutes Small-Talk-Thema, immer vorausgesetzt, Sie bereiten es zielgruppenspezifisch auf: Gegenüber einem pensionierten Studienrat über das letzte Robbie-Williams-Konzert zu schwärmen, zielt mit großer Wahrscheinlichkeit ins Leere. Sprechen Sie über die jeweilige Lieblingsmusik oder Instrumente, die Sie oder Ihr Gegenüber spielen bzw. gern gelernt hätten, fragen Sie nach guten CDs.

Mögliche Einstiegsfragen:

- „Interessante Hintergrundmusik hier im Restaurant – was hören Sie denn gern?"
- „Ich war vor Kurzem das erste Mal in der Oper – sind Sie ein Klassik-Fan?"
- „Werden Sie das neue Musical hier in der Stadt besuchen?"

☑ Nachrichten

„Haben Sie das schon gehört?“ Das aktuelle Tagesgeschehen hält immer gute Small-Talk-Themen bereit. Meiden sollten Sie jedoch Themen, die sehr kontrovers, schockierend oder traurig sind. Gut geeignet sind hingegen interessante Artikel, die Sie gelesen haben, oder unterhaltsame oder lustige Begebenheiten, die durch die Presse gegangen sind.

Mögliche Einstiegsfragen:

- „Ich habe heute im Radio gehört, dass ein Dreijähriger bei E-Bay ein Auto ersteigert hat, als seine Mutter kurz aus dem Zimmer gegangen ist – wie finden Sie das?“
- „Haben Sie gestern im Lokalteil die Bilder von dem geplanten Schwimmbadumbau gesehen?“

☑ Orte

Geeignet ist …

- der Ort, an dem Sie bzw. Ihr Gegenüber wohnen, gewohnt haben oder geboren wurden, aber auch
- der Ort, an dem die Veranstaltung stattfindet,
- ein Ort, an dem Sie häufig geschäftlich zu tun haben,
- ein Ort, den Sie lieben, …

Tauschen Sie Erinnerungen, Hintergrundwissen und Insidertipps aus.

Mögliche Einstiegsfragen:

- „Kommen Sie auch aus Köln?“
- „Kennen Sie sich hier in München aus?“
- „Ich fliege demnächst zum ersten Mal nach New York – waren Sie schon einmal in den USA?“

☑ Personen des öffentlichen Lebens

„Promi-Talk“ und ein bisschen Klatsch sind völlig okay – man sollte allerdings nicht bösartig über andere herziehen.

Die neue Frisur einer bekannten Adligen, die Hochzeit eines Filmstars und die nach 30 Tagen erfolgte Scheidung – das sind nicht nur für „Gala"-Leser schöne Themen.

Mögliche Einstiegsfragen:

- „Was halten Sie von dem Wirbel um Günter Grass?"
- „Wie finden Sie die Thesen von Eva Herman?"
- „Der Ulrich Wickert geht ja jetzt in Rente – ich habe ihn immer ganz gern gesehen. Und Sie?"

☑ **Restaurants und Essen**

Im Zeitalter von Gourmettempeln und TV-Starköchen sind Gespräche rund ums Thema Essen ein Leichtes – erst recht natürlich, wenn die Gelegenheit (Kantine, Geschäftsessen, Buffet) es auch noch nahelegt.
Sprechen Sie also über Restaurants, tauschen Sie Tipps und Empfehlungen aus. Und für diejenigen, die nicht nur gern essen, sondern selbiges auch gern zubereiten: Vergleichen Sie Ihre Lieblingsgerichte mit denen Ihres Gesprächspartners, tauschen Sie Kochrezepte oder Tipps, wo man exotische Zutaten bekommt, aus.

Mögliche Einstiegsfragen:

- „Waren Sie schon bei dem neuen Italiener?"
- „Ich habe vor Kurzem einen Kurs für thailändische Küche besucht – kochen Sie auch gern?"
- „Oh, es gibt Lasagne – das hab ich schon als Kind gern gegessen. Was mögen Sie denn am liebsten?"

☑ **Sport**

Sie sind begeisterter Sportfan – aktiv oder passiv? Dann testen Sie aus, ob Ihr Gesprächspartner das Thema Sport auch spannend findet (oder ob es ihm womöglich ein schlechtes Gewissen bereitet, wenn Sie von den Freuden eines allmorgendlichen 10-km-Laufes schwärmen ...).

Wenn Sie auf Nummer sicher gehen möchten, sprechen Sie am besten eine Sportart an, von der Sie wissen, dass sie Ihr Gegenüber interessiert. Und wenn Sie selbst von dieser Sportart gar keine Ahnung haben? Macht gar nichts – schließlich kann auch das ein Aufhänger für ein Gespräch sein.

Mögliche Einstiegsfragen:

- „Ich habe gehört, Sie sind ein Fußballkenner. Glauben Sie, dass der BVB irgendwann noch mal an alte Erfolgszeiten anknüpfen kann?"
- „Machen Sie regelmäßig Sport?"
- „Bei mir im Bekanntenkreis sind momentan alle wild auf Nordic Walking. Haben Sie das schon mal ausprobiert?"

☑ Tiere

Auch ein Thema für den Small Talk, vor allem, wenn Sie wissen, dass Ihr Gesprächspartner tierlieb oder sogar Tierbesitzer ist.

Mögliche Einstiegsfragen:

- „Wie geht es Ihrem Pferd?"
- „Ich habe gehört, Sie haben einen Hund – welche Rasse denn?"
- „Ein Aquarium wie hier in der Eingangshalle soll ja sehr beruhigend wirken – finden Sie das auch?"

☑ Urlaub

Auch zu diesem Thema bieten sich unzählige Möglichkeiten für ein Gespräch. Sie können über Ihren geplanten oder den zurückliegenden Urlaub sprechen oder über den, den Sie schon immer mal machen wollten – und daran beispielsweise eine Frage über den Urlaub Ihres Gegenübers anknüpfen.

Mögliche Einstiegsfragen:

- „Waren Sie diesen Sommer schon im Urlaub?“
- „Wir wollen demnächst nach Schweden. Waren Sie da schon mal?“
- „Wie sähe Ihr Traumurlaub aus?“

☑ Verkehr

Vom Thema Verkehr ist jeder auf irgendeine Weise betroffen: Sprechen Sie beispielsweise Parkplatzprobleme oder Staus an, aber auch Verkehrsmittel wie Bahn oder Flugzeug und natürlich: das Auto.

Mögliche Einstiegsfragen:

- „Haben Sie auch in dem Stau auf der A1 gestanden?“
- „Fahren Sie öfter mit der Bahn?“
- „Ich habe gesehen, Sie fahren ein Cabrio. Das ist auch ein Traum von mir – sind Sie zufrieden damit?“

☑ Wetter

Alle reden über das Wetter – und Sie am besten auch. Wenig originell? Stimmt, aber darauf kommt es nicht an, es ist ja meist bloß der Aufhänger für ein Gespräch. Natürlich können Sie sich originelle Gesprächseinstiege zum Thema Wetter überlegen. Achten Sie sich doch mal darauf, wie im Fernsehen oder Radio der Wetterbericht eingeleitet wird – vielleicht sind Formulierungen dabei, die Sie übernehmen können.

Mögliche Einstiegsfragen:

- „Allmählich wird diese Hitzewelle ja schon ein bisschen anstrengend, nicht wahr?“
- „So ein Herbsttag wie heute – das ist mir fast lieber als Sommer. Welches ist Ihre Lieblingsjahreszeit?“
- „Man glaubt kaum, in Deutschland zu sein bei diesen Temperaturen – mögen Sie diese Wärme?“

☑ Ziele, Wünsche, Träume

Von konkreten über vage bis hin zu utopischen Zukunftsplänen – über viele davon können Sie reden: Ihre beruflichen Ziele für die nächsten Jahre, der Wunsch, den Flugschein zu machen, Ihr Traumhaus – und ebenso natürlich über die Ziele, Wünsche und Träume Ihres Gegenübers.
Dabei sollten Sie ein feines Gespür dafür haben, welche Themen Sie besser aussparen, weil sie zu persönlich sein und Fettnäpfchen bereithalten könnten.

Mögliche Einstiegsfragen:

- „Ich will im neuen Jahr endlich das Rauchen aufgeben – wie haben Sie es damals geschafft?"
- „Ich würde zu gern noch Klavierspielen lernen – glauben Sie, das kann man auch noch als Erwachsener?"
- „Was war eigentlich Ihr Wunschberuf als Kind?"

7.2 Themenwechsel, bitte!

Natürlich müssen Sie nicht bei einem Thema bleiben – die meisten Gespräche bieten diverse Anknüpfungspunkte, um von einem Thema zum nächsten zu mäandern. So eignet sich etwa ein Einstieg mit dem Thema Wetter, um zum Thema Urlaub weiterzudriften, vom Urlaub kann man dann auf Hobbys kommen usw. – je nach Interessenlage und entsprechendem Gesprächsbeitrag des Gegenübers.

Indem Sie hin und wieder das Thema wechseln, verhindern Sie zum einen, dass der Small Talk langweilig wird (irgendwann ist nun mal über das Wetter alles gesagt), zum anderen können Sie ein Thema elegant wechseln, falls Sie merken, dass es auf Desinteresse, Unverständnis oder sogar Ablehnung stößt.

Ein Beispiel: Auf einer Fachmesse unterhält sich Herr Gernoth am Kaffeestand mit einer Kundin, Frau Wittler, die er bislang nur dem Namen nach kannte. Ausgangspunkt beim Small Talk ist die Frage nach der Anreise:

G: „Sie kommen ja auch von weiter her. Haben Sie denn Ihr Hotel und die Messehalle gut gefunden?"
W: „Ja, danke – seit ich mein Navigationssystem habe, ist Autofahren wirklich stressfrei für mich."
G: „Das habe ich schon von vielen gehört. In meinem nächsten Auto werde ich wohl auch eins haben. Bis dahin lasse ich mir im Internet einen Routenplan erstellen, wenn ich den Weg nicht kenne."
W: „Was haben wir früher eigentlich ohne Internet gemacht? Ich bestelle mittlerweile schon meine Bücher, meine Kleidung, DVDs und was nicht alles im Netz! Mein Arbeitstag ist häufig so lang, da reichen selbst die erweiterten Ladenöffnungszeiten oft nicht."

Übung

Stellen Sie sich vor, Sie sind Herr Gernoth: Wie könnten Sie jetzt das Gespräch weiterführen? Überlegen Sie sich mindestens drei Themen, mit denen Sie an das Gesagte anknüpfen können, und formulieren Sie einen entsprechenden Satz bzw. eine entsprechende Frage:

Thema 1: ______________________
Satz/Frage: ______________________
____

Thema 2: ______________________
Satz/Frage: ______________________
____

Thema 3: ______________________
Satz/Frage: ______________________
____

Mögliche Lösungen:

- *Sie können den angesprochenen langen Arbeitstag aufnehmen und fragen, was der andere beruflich macht. Sie können auch erzählen, dass es bei Ihnen ähnlich aussieht, und fragen, wie Ihr Gegenüber mit der Situation umgeht. Von da aus kann man dann z.B. den nächsten Schritt in Richtung persönliches Stress- oder Zeitmanagement machen.*
- *Auch das Thema Internet eignet sich zu einer weiteren Vertiefung: Wie sind z.B. Ihre Erfahrungen mit Internet-Shops? Fragen Sie nach und/oder berichten Sie Ihrerseits von besonders empfehlenswerten Internetadressen.*
- *Ihr Gesprächspartner hat Bücher und DVDs angesprochen – fragen Sie, was sich in dem Bereich anzuschaffen lohnt – und erzählen Sie, was Sie kürzlich gelesen oder gesehen haben und Ihnen besonders gut gefallen hat.*
- *Und auch das Thema Ladenöffnungszeiten gibt etwas her: Macht z.B. eine komplette Freigabe der Öffnungszeiten oder der verkaufsoffene Sonntag Sinn? Wie sieht Ihr Gesprächspartner das?*

Natürlich ist es nicht allein Ihre Aufgabe, sich um die Pflege des Gesprächs zu kümmern. Idealerweise ist das Ganze ja ein Dialog.

Achten Sie deshalb immer darauf, dass Ihr Redeanteil nicht über 50% liegt, und lassen Sie die Gesprächsthemen auch von Ihrem Gegenüber (mit-)bestimmen.

7.3 Tabuthemen von A bis Z

„*Die ganze Kunst des Redens besteht darin, zu wissen, was man nicht sagen darf.*“ George Canning (1770–1827), brit. Politiker

Es gibt Themen, die Sie beim Small Talk meist eher meiden sollten, weil sie konfliktträchtig, peinlich oder nervig sind.

☒ Arbeitsplatzinterna

- „Mal ganz unter uns …“
- „Das ist jetzt natürlich vertraulich, aber …“
- „Erzählen Sie es nicht weiter, aber bei uns …“

Berufliches eignet sich meist gut für Small Talk, bestimmte Dinge aber müssen außen vor bleiben: Geschichten über Kunden, auch wenn sie noch so witzig sind, gehören dazu; und Interna über Arbeitsbedingungen, Gehälter, neue Produkte oder Fehler der Unternehmensführung sind ebenfalls tabu. Auch fachliche Diskussionen oder gar Streitgespräche sind ungeeignet, wie der nächste Punkt verdeutlicht:

☒ Belehrungen, Verbesserungen und Rechthaberei

… sind unerwünscht beim Small Talk (und nicht nur da):

- „Das ist interessant, was Sie da erzählen, allerdings sollten Sie wissen, dass …“
- „Sie kennen sich da wahrscheinlich nicht so aus, aber …“
- „Nun, das stimmt so natürlich nicht, tatsächlich sieht es so aus, dass …“

So macht man sich keine Freunde. Darüber hinaus geht es beim Small Talk (anders als bei einem Fachgespräch) ja weitaus weniger um die Sachebene, die Inhalte. Entscheidend ist, wie wir schon gesehen haben, die Beziehungsebene – und der schadet Besserwisserei enorm.

☒ Dramen und Desaster

… eignen sich nicht für Small Talk, weil sie dem Gespräch einen eher düsteren Anklang verleihen – die Gesprächsatmosphäre kann darunter leiden.

- „Ja, das Wetter ist wirklich schön, so warm – aber wenn man sich die neuesten Klimamodelle anschaut, kommen noch schlimme Zeiten auf uns zu. Alles vom Menschen selbst verschuldet – CO_2-Ausstoß und so.“

Unter Umständen hält man Sie nach einer solchen Äußerung für einen Schwarzseher – und das ist doch mit Sicherheit nicht der Eindruck, den Sie hinterlassen möchten, oder?

☒ Eheprobleme/Familienprobleme

… sind kein Small-Talk-Thema – es sei denn, es handelt sich dabei um lustige Anekdoten über belanglose Probleme.

☒ Geld

… gehört (zumindest in Deutschland) nicht ins Themenrepertoire des Small Talks, ganz gleich ob Sie nun glücklicherweise viel oder traurigerweise zu wenig davon haben. Prahlereien nach dem Motto *„Mein Haus, mein Auto, mein Boot"* sind einfach nur peinlich. Und Jammern, dass es allen anderen viel besser geht als einem selbst (*„In unserer Berufssparte sind wir einfach alle unterbezahlt"*), ist auch nicht besser.

Ebenso verbieten sich Fragen nach der finanziellen Situation des anderen:

- „Als Arzt verdienen Sie doch bestimmt gut – wie viel ist es denn so im Jahr?"

Geldprobleme bespricht man am besten mit dem Kundenberater der Bank – aber nicht beim Small Talk. Der Gesprächspartner kann ja a) sowieso nicht helfen und befürchtet b) wahrscheinlich, dass er gleich angepumpt wird.

☒ -ismen

Alles, was auf -ismus endet, ist kein ideales, weil konfliktträchtiges Thema: Sozialismus, Kommunismus, Kapitalismus, Katholizismus, Feminismus – alles zweifellos spannend. Zu spannend für Small Talk, denn in der Regel kennen Sie die Moral- und Wertvorstellungen Ihres Gesprächspartners nicht oder wissen nur wenig darüber. Und das erhöht die Fettnäpfchengefahr enorm.

☒ Krankheiten

Stellen Sie sich vor, Sie sind bei einem Geschäftsessen und Ihr Tischnachbar erzählt Ihnen beim zweiten Gang von seiner kürzlich erfolgten Leistenbruch-Operation – und zwar in allen (blutigen) Einzelheiten. Das möchten Sie bestimmt nicht hören.
Auch „Gratiskonsultationen“ bei zufällig anwesenden Ärzten, denen man ausführlich die eigene Krankengeschichte darlegt und von denen man dann womöglich Therapievorschläge erwartet, sind unbedingt zu vermeiden. (Das Gleiche gilt natürlich für Rechtsanwälte, Steuerberater etc.)

☒ Lästern und Meckern

Kritisches, Spöttisches oder gar Herabsetzendes zu äußern – egal, ob über (anwesende oder abwesende) Personen, Berufsstände, über das gerade zu sich genommene Essen, die Räumlichkeiten oder sonstiges –, hinterlässt keinen guten Eindruck, selbst dann nicht, wenn Sie recht haben.
Harmloser Klatsch und Tratsch gehört in einem gewissen Maß zum Small Talk, Lästern hingegen nur maximal in homöopathischen Dosen. Es kann anfangs witzig und sogar verbindend wirken, gemeinsam festzustellen, wie merkwürdig jemand aussieht – irgendwann aber kommt mit Sicherheit der Punkt, an dem Sie sich fragen, was diese Lästerzunge gegenüber Dritten wohl über Sie erzählen wird. Und genau das ist der Punkt, an dem der vorher rege sprudelnde Quell des Small Talks plötzlich versiegt.

☒ Negatives

Die schlechte Geschäftslage in Ihrer Branche, die nervigen Kollegen, die Jugend von heute, der allgemeine Sittenverfall – all das sind keine Small-Talk-Themen. Es ist zwar möglich, dass man auf jemanden trifft, der ähnlich schwarz sieht und mit dem man sich prächtig darüber austauschen kann, wie schlecht die Welt ist. Den meisten Menschen gehen Berufspessimisten jedoch ziemlich auf die Nerven.

☒ Politik

… ist ein äußerst spannendes Thema, gar keine Frage – aber leider unter Umständen geeignet, nicht nur eine lebhafte Diskussion, sondern einen hitzigen, erbitterten Streit zu entfachen.
Warum Sie wen gewählt haben, was Sie von der Gesundheitsreform halten, was Sie tun würden, um Deutschland wieder nach vorn zu bringen – diskutieren Sie es in Ihrem Freundeskreis, aber machen Sie es nicht zum Small-Talk-Thema.

☒ Religion

Hier gilt das Gleiche wie für Politik:

> Meiden Sie Themen, bei denen es um persönliche Weltanschauungen geht und bei denen Sie die Werte Ihres Gegenübers nicht ganz genau kennen.

Sie sind ein Kritiker des Papstes? Ihr Gesprächspartner aber ist vielleicht überzeugter und praktizierender Katholik – da ist die Kontroverse vorprogrammiert.
Zügeln Sie also in Small-Talk-Situationen Ihr möglicherweise vorhandenes Sendungsbewusstsein – es gibt bessere Gelegenheiten, Menschen zu überzeugen.

☒ Sexualität

Egal, ob es um Erfahrungen, Probleme oder gar Witze geht – nichts aus dem Bereich der Sexualität passt ins Repertoire der Small-Talk-Themen. Die Lust daran, sein Gegenüber zu schockieren, hat man ja schließlich mit dem Ende der Pubertät überwunden.

☒ Tiefschürfendes

Monologe oder Diskussionen über den Sinn des Lebens (oder das Fehlen desselben), philosophische Gedanken über den Tod – in vertrauter Runde mit Freunden gern, nicht beim Small Talk.

☒ Witze

„Ach, kennen Sie eigentlich den?“ Sie kennen so viele tolle Witze? Natürlich könnten Sie beim Small Talk Ihren Lieblingswitz erzählen, nur: Sind Sie ganz sicher, dass Ihr Gesprächspartner die gleiche Humor-Frequenz hat wie Sie? Wird er die gleichen Dinge lustig finden wie Sie?
Wenn auch nur der Hauch eines Zweifels besteht, lassen Sie es besser sein. Generell absolut verboten – nicht nur beim Small Talk – sind diskriminierende und sexistische Witze (dazu gehören auch Blondinen-Witze!), Anzüglichkeiten und Zoten.

☒ Zynismus, Sarkasmus, Ironie

… sind meist nicht zum Lachen, sondern ungefähr so ätzend wie Salzsäure und oft so verletzend wie ein Hundebiss. Einzige Ausnahme ist die hohe Kunstform der sanften Selbstironie – und das heißt nicht Selbstherabsetzung!

Praxistipp: Keine Regel ohne Ausnahme

Es gibt einige Situationen, in denen ein paar der Tabu-Themen ausnahmsweise erlaubt sind:

- Machen Sie einen Krankenbesuch, werden Sie kaum umhinkönnen, über Krankheiten zu sprechen.
- Nehmen Sie an einer entsprechenden Fachveranstaltung teil, sind Politik, Geschäftsprobleme etc. möglicherweise genau die richtigen Themen für Small Talk.

Wann immer Sie sich nicht ganz sicher sind, ob das Thema geeignet ist: Halten Sie sich einfach ein bisschen zurück.

Beziehen Sie keine extremen Standpunkte und formulieren Sie eher zurückhaltend.

Fragen Sie wertneutral nach der Meinung des anderen. Gehen Sie nicht zu sehr ins Detail.

8 Small Talk als Karrierefaktor

Netzwerke knüpfen

Manche Stimmen behaupten, Small Talker verschwendeten kostbare Arbeitszeit mit dem Reden übers Wetter und andere „Nicht-Themen“. Ist das wirklich so?
Kommt ganz darauf an, was Ihre Ziele sind: Wollen Sie im beruflichen (genauso wie im privaten) Bereich Kontakte knüpfen, neue Menschen kennen lernen und sich selbst „ins Gespräch bringen“, auch (aber nicht nur), um Karriere zu machen? Dann führt kein Weg am Small Talk vorbei.

Small Talk im Job dient der Beziehungspflege.

Dieses „Networking“ – bekannt zu sein und selbst die richtigen Leute zu kennen – sichert den Arbeitsplatz und fördert das berufliche Weiterkommen. Insofern ist Small Talk also weit mehr als nur ein bisschen nette Plauderei, um die Stimmung und das Arbeitsklima zu verbessern: Er ist tatsächlich ein Karrierefaktor, eine Karrierestrategie. Mit Small Talk können Sie in einem kurzen, scheinbar belanglosen Gespräch am Kopierer, in der Kantine oder im Fahrstuhl etwas dafür tun, dass man sich positiv an Sie erinnert.

Gelegenheiten zum Small Talk gibt es im Arbeitsalltag reichlich. Manchmal können Sie entscheiden, ob Sie Small Talk machen möchten oder nicht: Wenn Sie z.B. mit Kollegen im Aufzug stehen und nur zwei Stockwerke mitfahren, müssen Sie nicht unbedingt ein Gespräch beginnen oder sich an einem beteiligen. Allerdings: Den Blickkontakt als elementare Höflichkeitsgeste zu verweigern, stattdessen „abgetörnt“ zu Boden zu schauen, muffelig ein paar Silben durch die zusammengebissenen Zähne zu pressen – das wirkt abweisend und unfreundlich. Wer dem Small Talk am frühen

Morgen nicht gewachsen ist, der kann im Aufzug auch den Mund halten (oder die Treppe nehmen ...). Ein freundlicher Gruß und ein Lächeln sollten aber möglich sein.
Es gibt allerdings Situationen, in denen Sie Small Talk machen sollten oder gar müssen – z.B. auf einer Betriebsfeier oder bei einem Geschäftsessen, aber auch beim täglichen Gang in die Kantine: Sich gruß- und wortlos das Essen zu Gemüte zu führen, wäre ein grober Fauxpas.
Für die meisten Situationen – ob beruflich oder privat – gilt das, was generell für Small Talk gilt: Einstieg, Themenwahl, Anwendung der verschiedenen Gesprächstechniken.
In speziellen beruflichen Situationen sind allerdings noch ein paar zusätzliche Dinge zu beachten:

8.1 Small Talk mit Vorgesetzten

„Im Zusammensein mit einem Mann von Rang und Würden gibt es drei Verstöße: Reden, ehe er dich angesprochen hat – das ist vorlaut; nicht reden, wenn er dich angesprochen hat – das ist verschlagen; reden, ohne dabei seine Miene zu beobachten – das ist blind.“ Konfuzius (551–479 v. Chr.), chin. Philosoph

Was Konfuzius sagt, gilt mit Einschränkungen auch heute noch: Blickkontakt halten – ja, unbedingt. Antworten, wenn der/die Vorgesetzte Sie anspricht – auch das. Aber: Sie müssen nicht warten, bis der Chef / die Chefin Sie anspricht.

> Beim Small Talk mit Vorgesetzten dürfen Sie die Initiative ergreifen, ohne dass man Sie für vorlaut hält.

Die Frage ist: Traut man sich das? *„Vielleicht hat meine Chefin ja ganz andere Dinge im Kopf – und da soll ich mit ihr im Aufzug über das Wetter plaudern?“*
Abhängig vom Führungsstil Ihrer/Ihres Vorgesetzten ist die Hemmschwelle, den Small Talk zu eröffnen, niedrig bis sehr hoch. Wenn Sie Vorgesetzte haben, die Sie respektieren, viel-

leicht gar mögen, ist es recht einfach. Mit autoritären Chefs hingegen spricht man am liebsten so wenig wie möglich.
Bei bestimmten Gelegenheiten, wie einem Betriebsfest, einer Weihnachtsfeier, einem Geschäftsessen jedoch können Sie dem nicht aus dem Weg gehen. Und dann ist es natürlich äußerst hilfreich, wenn man vorbereitet ist.

Warum muss ich Small Talk mit Vorgesetzten machen?
Ganz einfach: Small Talk dient der Beziehungspflege.

> Und wenn Sie wollen, das Ihr Chef / Ihre Chefin Sie kennt und sich positiv an Sie erinnert, dann sollten Sie die Chance – denn es ist eine – nutzen.

Natürlich ist ein solcher Small Talk nie die lockere, unbefangene Plauderei, die er unter Gleichrangigen wäre. Und auch wenn die Vorgesetzten noch so nett und freundlich sind: Das Abhängigkeitsverhältnis lässt sich nicht leugnen. Für Sie bedeutet das, dass Sie Ihre Small-Talk-Themen besonders sorgfältig auswählen sollten. Sie wissen ja, dass sich heikle, konfliktträchtige Themen nicht für Small Talk eignen. Dementsprechend sind Gespräche über anstehende Personalentlassungen, sinkende Aktienkurse etc. schon mal tabu.

Treffen Sie Chef oder Chefin im alltäglichen Arbeitsumfeld …
…, also im Büro, in der Kantine oder im Aufzug, können Sie z.B. über ein Projekt sprechen, an dem Ihr Chef beteiligt war oder das er initiiert hat und das Sie gut finden. Das kann eine abgeschlossene Renovierung oder Umgestaltung von Büroraumen ebenso sein wie eine geplante Schulung.
Über ehrliche Anerkennung freut sich jeder, auch ein Vorgesetzter. Beschreiben Sie konkret, was Sie gut finden und war um. Das unterscheidet ein Lob von Schmeichelei. Schmeicheln ist wenig konkret, nicht unbedingt ehrlich gemeint und meist auch noch übertrieben: *„Ich finde ja, dass Sie immer und absolut zum Wohle der Belegschaft handeln, das finde ich einfach super!“* Ehrliche Anerkennung hört sich so an:

– „Ich habe gehört, dass Sie eine Seminarreihe zum Thema ‚Besprechungen effizient moderieren' planen. Das finde ich gut, wir verbringen wirklich viel Zeit in Sitzungen, und es wäre schön, da ein paar Tipps an die Hand zu bekommen."

Sie können auch sich selbst oder Ihr Team / Ihre Abteilung loben, aber bitte möglichst unaufdringlich. Beschreiben Sie die positive Leistung („*Wir haben unser Projekt Alpha übrigens vorgestern plangemäß abgeschlossen*"), aber bewerten Sie sie nicht selbst (also nicht: „*Wir haben das echt toll gemacht, wir sind exakt im Zeitplan geblieben*").

Treffen Sie Chef oder Chefin im nichtalltäglichen beruflichen Umfeld ...

..., z.B. auf einer Betriebsfeier oder bei einem Geschäftsessen, sollten Sie nur über berufliche Themen sprechen, wenn Ihr Vorgesetzter sie anschneidet. Reden Sie eher über allgemeine Themen wie das Essen, den Wein und was das Umfeld und die Gelegenheit so hergeben, und zwar positiv.

Treffen Sie Chef oder Chefin im privaten Umfeld ...

..., weil Sie sich in der Freizeit über den Weg laufen oder auf dem gleichen Fest eingeladen sind, sprechen Sie nicht über Berufliches. Hier funktionieren die üblichen Small-Talk-Themen wie Wetter & Co. Kennen Sie Interessen Ihres/Ihrer Vorgesetzten? Dann können Sie diese, falls sie nicht zu privat sind, ansprechen.

8.2 Small Talk mit Kolleginnen und Kollegen

Hier ist Small Talk einfach, weil Sie unter Ihresgleichen sind, auf einer Ebene. Oft kennt man sich schon lange und weiß, welche Themen man anschneiden kann: Fragen nach persönlichen Interessen und Hobbys („*War ja ein tolles Wetter dieses Wochenende – warst du wieder Bergsteigen?*"), der Familie („*Geht es deinem Sohn jetzt wieder besser?*") etc. fallen dementsprechend leicht. Alle Regeln, die auch sonst für Small Talk gelten, sind uneingeschränkt anzuwenden.

Small Talk mit neuen Kollegen

Machen Sie es der oder dem Neuen leicht: Beziehen Sie ihn oder sie ins Gespräch ein, wenn Sie sich mit anderen Kollegen unterhalten, stellen Sie Eisbrecherfragen.
Da die Neuen den speziellen Kommunikationsstil Ihres Teams, Ihrer Abteilung oder Ihres Unternehmens noch nicht kennen, sollten Sie vorsichtig mit Insiderwitzen und ironischen Bemerkungen sein. Stellen Sie keine allzu persönlichen Fragen und meiden Sie Themen, die zu heftigen Diskussionen führen könnten.
Kennt und schätzt man jemanden erst einmal, verträgt man es auch, dass sie oder er anderer Meinung ist. Gleich zu Beginn eines neuen Kontaktes erschweren oder verhindern solche Meinungsverschiedenheiten jedoch das weitere Kennenlernen unter Umständen erheblich.

Was tun, wenn Sie selbst neu im Unternehmen sind?

Gerade, wenn Sie neu in einem Unternehmen sind, müssen Sie Kontakte knüpfen, Ihre Kollegen kennen lernen – und das funktioniert natürlich nicht, indem man sich in seinem Bürosessel zurücklehnt und darauf wartet, dass die anderen kommen. Umgekehrt ist es aber auch nicht ratsam, gleich loszugaloppieren und jeden anzusprechen.

> Halten Sie sich in den ersten Wochen etwas zurück und versuchen Sie, durch Beobachten ein Gefühl für die Unternehmenskultur zu entwickeln.

Gibt es (ungeschriebene) Kommunikationsregeln, bestimmte Rituale, auch beim Small Talk? Spricht man sich mit Nach- oder Vornamen an? Duzt man sich? Ist der Kommunikationsstil sehr förmlich oder eher locker? Ist er humorvoll, wird gewitzelt und gelacht? Ist Ironie üblich? Sind die Hierarchien flach oder im Gegenteil sehr ausgeprägt?

8.3 Small Talk mit Kundinnen und Kunden

„Sprich mit den Leuten über das, was sie verstehen: mit dem Jäger über die Jagd, mit dem Fischer über den Fischfang, mit dem Winzer über den Wein. Das gibt immer ein gutes Gespräch.“ Friedrich G. Jünger (1898–1977), dt. Schriftsteller

Kunden sind unterschiedlich – auch, was ihr Kommunikationsverhalten angeht. Da gibt es die Extrovertierten, die ausgiebigen Small Talk am Anfang und Ende des Geschäftsgespräches schätzen. Es gibt aber auch die Sachlich-Nüchternen, die sich mit höflicher Plauderei eher schwer tun, genauso wie die (An-)Treiber, die wenig Zeit haben und alles schnell erledigt haben möchten. Und dann gibt es natürlich noch die Zurückhaltenden, Ruhigen, Introvertierten, die freundlich sind, lächeln und nicken, selbst aber wenig sagen.
Die folgenden Charakterisierungen helfen Ihnen dabei zu erkennen, welcher Typ Ihr Gegenüber ist und wie Sie den Small Talk entsprechend gestalten sollten.

Der extrovertierte Kunde

… ist leicht zu erkennen: Er tritt meist selbstbewusst und emotional auf, ist enthusiastisch, freundlich, humorvoll, gesellig, lebhaft, manchmal etwas unbeherrscht. Direkte Kommunikation (Gespräche, Besprechungen, Geschäftsessen) werden der indirekten Kommunikation durch Briefe oder E-Mails vorgezogen. Die Körpersprache zeigt eine schnelle und ausdrucksstarke Gestik, eine lebhafte Mimik, er spricht eher schnell und auf jeden Fall betont.

Der sachlich-nüchterne Kunde

… ist recht reserviert und kann Gefühle nur schlecht ausdrücken. Seine Sprache ist in der Regel sehr präzise, die Körpersprache dagegen wenig aussagekräftig: wenig Mimik, kaum Gestik, gleichmäßiger Tonfall. Dieser Kundentyp ist eher auf Fakten als auf Gefühle konzentriert – und schätzt Small Talk nur begrenzt.

Der (an-)treibende Kunde
... hat es immer eilig. Er ist selbstbewusst, denkt und handelt ergebnisorientiert. Typisch für die Körpersprache sind schnelle Bewegungen, eine laute Stimme, hohes Sprechtempo und direkter Blickkontakt. Effizienz ist das Wichtigste – ausführlicher Small Talk ist für diesen Kunden uneffizient.

Der zurückhaltende Kunde
... ist zugänglich, freundlich, meist geduldig, entspannt und eher ruhig. Körpersprachlich sind eine freundliche Mimik, lockerer Blickkontakt, eine nichtaggressive Gestik und ein ruhiger, sanfter Tonfall typisch.

Praxistipps

Small Talk mit extrovertierten Kunden

- Nehmen Sie sich ausreichend Zeit für diese Kunden: für Small Talk und für das Geschäftsgespräch.
- Geben Sie Ihrem Gegenüber Raum, sich auszudrücken, überlassen Sie ihm den größeren Gesprächsanteil und hören Sie zu.
- Halten Sie dabei direkten Blickkontakt und spiegeln Sie die Emotionen des anderen.
- Wenn Sie selbst etwas erzählen, konzentrieren Sie sich eher auf das Allgemeine als auf Details – wenn der Extrovertierte mehr wissen will, wird er sich schon melden.

Small Talk mit sachlich-nüchternen Kunden

- Bleiben Sie formell, was Sprache und Umgang angeht.
- Small Talk ja, aber nicht zu ausführlich und nur über allgemeine, keine persönlichen Themen.
- Sprechen Sie weder zu schnell noch zu laut, bleiben Sie höflich, sachlich und nüchtern – zeigen Sie keinen Enthusiasmus. Und das kann, wenn Sie selbst eher extrovertiert sind, eine echte Herausforderung sein.

Small Talk mit (an-)treibenden Kunden

- Erscheinen Sie pünktlich und gut vorbereitet zum Termin und kommen Sie ohne Umschweife zur Sache.
- Beschränken Sie den Small Talk zu Beginn des Gesprächs auf das aus Höflichkeit Notwendigste: Begrüßung, Frage nach dem Befinden, Abwarten der Antwort – und das war's auch schon. Für das Gesprächsende gilt das Gleiche: ein, zwei nette Sätze zum Abschluss, dann die Verabschiedung – und Ende.
- Halten Sie direkten Blickkontakt, sprechen Sie eher schnell (ungefähr so schnell wie Ihr Gegenüber), drücken Sie sich präzise, klar und knapp aus.

Small Talk mit zurückhaltenden Kunden

- Small Talk ist wichtig, um die Gesprächsatmosphäre angenehm und entspannt zu gestalten.
- Halten Sie lockeren Blickkontakt, sprechen Sie ruhig und in sanftem Tonfall.
- Achten Sie auf einen ausgewogenen Gesprächsanteil, stellen Sie interessierte Fragen.
- Vermeiden Sie aber alles, was Ihr Gegenüber unter Druck setzen könnte.

8.4 Small Talk bei Geschäftsessen

„Ein Arbeitsessen bietet den Vorteil, dass man unangenehme Fragen mit lang anhaltendem Kauen beantworten kann.“
Arno Sölter (1911–1987), dt. Volkswirtschaftler

Die Bezeichnung ist etwas irreführend: Man spricht ja keineswegs während des Essens die ganze Zeit über Geschäfte. Ziel ist die Kontaktanbahnung oder -pflege. Über das eigentliche Geschäft wird oft erst beim Dessert oder sogar noch später entschieden. Und das heißt: viel Zeit für Small Talk – es sei denn, der Kunde/die Kundin drängt.

Zur Gesprächseröffnung können Sie Ihren Geschäftspartner fragen, woher er kommt, wie seine Anreise war, ob er zum ersten Mal hier ist und wie ihm das Hotel, die Stadt gefällt. Vielleicht kennen Sie auch ein paar Fakten aus dem Leben Ihres Gesprächspartners: Ausbildung, Auslandsaufenthalte, kürzlich erfolgte Beförderungen. Oder Sie haben im Vorfeld schon etwas über private Interessen, Hobbys etc. erfahren … All das sind geeignete Small-Talk-Themen.
Zeigen Sie Interesse, stellen Sie Fragen, hören Sie zu. Achten Sie darauf, dass der Kunde sich immer wohl fühlt.
Übrigens: Die Kenntnis der Business-Etikette, einiger Benimm-Regeln schadet nicht – im Literaturverzeichnis finden Sie entsprechende Ratgeber.

8.5 Small Talk bei Feiern und Events

Betriebsfeiern und -ausflüge, Jubiläen, Messen, Kongresse – all das sind keine alltäglichen Small-Talk-Situationen. Und genau das macht sie so spannend: Schließlich ist das mal etwas anderes als die Gespräche am Kopierer und in der Kantine.
Für Feiern aller Art gelten die üblichen Small-Talk-Regeln – und an die erinnert man sich leichter und wendet sie gekonnter an, wenn der Alkoholspiegel niedrig ist. Gehen Sie also einigermaßen nüchtern an die Sache heran. Rechnen Sie aber damit, dass andere dies nicht immer tun. Small Talk mit angeheiterten Kollegen, Kunden oder gar Vorgesetzten erfordert viel Geduld, Toleranz und Feingefühl.
Bei Messen, Kongressen und ähnlichen Fachveranstaltungen gilt ebenfalls alles, was bisher zum Thema Small Talk gesagt wurde. Bereiten Sie sich ruhig ein bisschen vor: Wer wird teilnehmen, wo können Sie etwas darüber erfahren? Wer von diesen Menschen könnte für Sie ein interessanter Kontakt sein? Wo und wann bekommen Sie ihn oder sie zu fassen? Welche Themen könnten ihn oder sie interessieren, womit können Sie ihn/sie locken?

Small Talk mit ausländischen Kunden

Wer beruflich mit Menschen aus anderen Ländern und Kulturen zu tun hat, braucht interkulturelle Kompetenz. Das setzt zunächst einmal eine gewisse „Cultural Awareness“ voraus, also Wissen um Geschichte, Kultur, religiöse und moralische Wertvorstellungen eines Landes, Denk- und Verhaltensmuster sowie (Kommunikations-)Rituale. Cultural Awareness hilft dabei, sensibel für das eigene Verhalten zu werden und es so an die jeweiligen Gegebenheiten anzupassen, dass konfliktreiche Situationen vermieden werden.

In einem Umfeld, das nicht das eigene ist und dessen kulturspezifische Regeln man nicht kennt, fühlt man sich verloren. Und dann ist man mit seinem gewohnten Verhalten schnell in ein Fettnäpfchen gestolpert. Der Geschäftspartner zeigt im besten Fall Irritation, im schlimmsten Fall ist der geschäftliche Kontakt so belastet, dass er abgebrochen wird.

> Gelungene interkulturelle Kommunikation braucht als Grundlage neben der Kenntnis unterschiedlicher Verhaltensregeln auch Offenheit, Toleranz und Anpassungsbereitschaft.

Das bedeutet jedoch nicht, die eigene kulturelle Prägung, Identität und Werte völlig aus den Augen zu verlieren: Sie müssen nicht spanischer als der Spanier sein. Solche Versuche wirken meist wenig überzeugend, vielleicht sogar anbiedernd und peinlich.

Den goldenen Mittelweg beschreiten Sie mit dem integrativen Anpassungsstil. Das beinhaltet eine bewusste Erweiterung unseres Horizonts, unserer Werte und Einstellungen – und wenn es uns höflich, nützlich, sinnvoll erscheint, können wir unser Auftreten entsprechend anpassen.

Grundlegende Regeln für den Small Talk im Ausland

- Small Talk hat in vielen Ländern eine wesentlich höhere Wertigkeit als in Deutschland, wo er oft eher zähneknirschend als Mittel zum Zweck akzeptiert wird. Die hohe Sachorientierung der Deutschen ist vielen Nationalitäten fremd: Auch eine Geschäftsbeziehung gilt z.B. in südeuropäischen, arabischen, asiatischen und südamerikanischen Ländern als persönliche Beziehung, die man aufbauen und pflegen muss – und die sich nicht nur aufgrund von Fakten und Zahlen einstellt. Damit einher geht, dass man sich mehr Zeit nimmt, um über Dinge zu sprechen, die nicht unmittelbar mit dem Geschäft zu tun haben – Small Talk eben!
- Die ungeschriebenen Gesetze für Small-Talk-Themen differieren von Land zu Land ebenso wie die Kommunikationsregeln. Das betrifft z.B. die Körpersprache: Während stetiger Blickkontakt im deutschen Kulturkreis als Zeichen von Interesse und Anteilnahme gilt, empfinden Japaner längeren und direkten Blickkontakt als unangenehm und unhöflich.
- Tabu im Small Talk sind Religion, politische, wirtschaftliche und gesellschaftliche Probleme des jeweiligen Landes oder Körperliches wie Krankheiten oder Sexualität. Bei Witzen ist ebenfalls Vorsicht geboten.
- In vielen Ländern gelten klar formulierte Ablehnung, deutlicher Widerspruch, Kritik (auch sachlich oder konstruktiv formuliert) oder kontrovers geführte Diskussionen als unhöflich – Harmonie ist wichtiger. Wenn Sie also anderer Meinung sind als Ihr Gesprächspartner, sollten Sie dies, wenn überhaupt, sehr diplomatisch formulieren.

Wer die Regeln nicht kennt, liegt, was sein Verhalten angeht, trotz aller Bemühungen unter Umständen völlig daneben. Und das wiederum kann, wenn es um Geschäfte geht, sehr teuer werden.

8.6 Small Talk in Vorstellungsgesprächen

Wie die meisten Gespräche beginnt auch das Vorstellungsgespräch mit Small Talk. Da wird man aus dem Foyer abgeholt oder in einen Besprechungsraum gebeten, und kaum hat man sich vorgestellt, kommt eine Frage wie: *„Haben Sie gut hergefunden?"* Die Antwort *„Kein Problem"* wäre jetzt entschieden zu kurz. Noch schlimmer wäre es allerdings, eine Klage über die mangelhafte Beschilderung, den katastrophalen Berufsverkehr oder Ähnliches anzustimmen.

Natürlich soll Small Talk zu Beginn des Vorstellungsgespräches vor allem die Atmosphäre etwas lockern, den Bewerbern die Nervosität nehmen. Man erwartet aber auch schon hier – bei aller Nervosität – von dem Bewerber, dass er in der Lage ist, den Ball aufzunehmen und zumindest in einem ganzen, freundlichen Satz zu antworten:

- „Ja, vielen Dank. Ich kenne Hamburg ganz gut, ich war schon öfter hier."

Daraus kann sich dann ein kurzes Gespräch entwickeln.

Wichtig: Der Small Talk zu Beginn des Bewerbungsgespräches bleibt ein zeitlich begrenzter Einstieg – sobald der Bewerber Platz genommen hat, vielleicht noch ein Getränk angeboten wurde, beginnt in der Regel das eigentliche Gespräch. Erzählen Sie also nicht zu viel, geben Sie keine ausführlichen Statements ab, und stellen Sie Ihrem Gegenüber nicht zu viele Fragen.

Was immer Sie auf Standarderöffnungen wie die oben erwähnte Frage nach der Anreise sagen:

Achten Sie darauf, dass Sie positiv formulieren.

Auch wenn die Anfahrt noch so verzwickt und die Skizze der Sekretärin völlig unübersichtlich war: Sie haben alles problemlos gefunden, und die Sekretärin hatte Ihnen ja netterweise auch eine Anfahrtsbeschreibung gemailt (zu deren Qualität Sie nicht weiter Stellung nehmen – lügen müssen Sie schließlich nicht …).

8.7 Etikette im Netz – 5 goldene Regeln zum virtuellen Small Talk

Schreiben Sie Mails? Twittern Sie? Nutzen Sie soziale Netzwerke?
Dann machen Sie virtuellen Small Talk – und sollten die Regeln für diese Form des „kleinen Gesprächs" kennen und nutzen:

1. Diskretion

Egal, über was Sie im Netz reden: Privates sollte privat bleiben. Nutzen Sie z.B. in sozialen Netzwerken die Privatsphäre-Einstellungen. Oder wollen Sie, dass zukünftige Chefs Ihre Plaudereien lesen? Und denken Sie daran, dass es sehr schwer wird, bestimmte Infos wieder aus dem Netz zu entfernen.

2. Lesbarkeit

Stellen Sie sich vor, Ihr Gesprächspartner stammelt herum, bricht Sätze mittendrin ab, redet ohne Punkt und Komma. Nervig, oder?
Und es nervt auch in der virtuellen Kommunikation! Sie werden im Netz nach Ihren Artikeln und Mails beurteilt. Achten Sie daher auf korrekten Satzbau und fehlerfreie Rechtschreibung, nutzen Sie Groß- und Kleinschreibung und machen Sie Texte durch Satzzeichen und Absätze lesefreundlich.

3. Missverständnisse vermeiden

In der virtuellen Kommunikation können Sie weder Mimik noch Betonung nutzen, um zu zeigen, wie Sie etwas gemeint haben. Formulieren Sie daher eindeutig und nutzen Sie Symbole für Betonungen (z.B. entsprechende Textstellen in Sternchen setzen) oder Emoticons, um zu verdeutlichen, wie Sie etwas meinen. Vorsicht aber bei geschäftlichen Kontakten: Hier wirkt beides oft deplatziert.
Grundsätzlich gilt: Lesen Sie alles gründlich durch, bevor Sie es abschicken – und versetzen Sie sich dabei in die Rolle des Lesers.

4. Don‘ts der Kommunikation
sind in der elektronischen Kommunikation die gleichen wie im Face-to-Face-Gespräch: Taktlosigkeiten, dumme Sprüche, unbeholfene bis penetrante Flirtversuche, ironische oder sarkastische Bemerkungen, Beleidigungen etc. sind hier wie dort unerwünscht.

5. Copyright und Persönlichkeitsrechte
Achten Sie Urheberrechte bei Text- und Bildmaterial. Stellen Sie keine Fotos oder Videos ein, wenn darauf erkennbare Personen nicht ihre Erlaubnis zur Veröffentlichung gegeben haben.

9 Wie kann ich Small Talk – höflich! – beenden?

Der Gesprächsausstieg

„Ein guter Abgang ziert die Übung." Friedrich Schiller (1759–1805)

Es ist Ihnen gelungen, einen Kontakt zu knüpfen, und Sie sind schon eine Weile im Gespräch, aber …

- jetzt ruft der „Big Talk“, d.h., der Small Talk, der das eigentliche Gespräch (Beratungs-, Verkaufs-, Problemlösungs-, Vorstellungsgespräch) eingeleitet hat, hat seinen Zweck erfüllt: Die Gesprächsatmosphäre ist entspannt und Ihr Gegenüber auch – jetzt können Sie Berufliches besprechen.

- der Small Talk entwickelt sich nicht wie erhofft, Sie finden Ihren Gesprächspartner langweilig/rechthaberisch/unsympathisch etc.
- Sie wollen (und sollen) ja nicht Stunden mit diesem Menschen verbringen, selbst wenn er noch so sympathisch ist.

Wie also beendet man den Small Talk – und das so höflich wie möglich?

Wenn der „Big Talk“ folgen soll …

…, beenden Sie den Small Talk nicht abrupt. Sagen Sie also nicht: *„So, dann lassen Sie uns mal übers Geschäft reden“* oder *„Um zur Sache zu kommen …“*.

Vielleicht finden Sie anhand dessen, was Ihr Gesprächspartner gerade erzählt hat, eine elegante Überleitung. Das kann zum Beispiel so aussehen:

– „Apropos Kundenorientierung …“
– „Wie Sie gerade schon sagten, ist Pünktlichkeit natürlich etwas ganz Entscheidendes. Unser Unternehmen …“

Oder Sie beenden den Small Talk, indem Sie betonen, wie nett und interessant es war – und dass man sich jetzt ja leider wieder dem Geschäftlichen zuwenden muss:

– „Das ist ein wirklich spannendes Thema, ich würde mich gern noch länger darüber unterhalten. Aber Ihre Zeit ist sicher begrenzt – sollen wir uns jetzt mal dem Geschäftlichen widmen?“
– „Jetzt haben wir uns so interessant unterhalten, da fällt es schon fast schwer, über das zu sprechen, weswegen wir uns eigentlich getroffen haben.“

Wenn Sie sich – aus welchem Grund auch immer – höflich verabschieden wollen …

…, sollte Ihr Gegenüber nie merken, dass Sie z. B. genervt oder gelangweilt sind. Blicke zur Uhr, unruhiges Umherschauen und Unaufmerksamkeit sind also tabu. Unterbrechen Sie Ihren Gesprächspartner nicht mitten im Satz, warten Sie, bis sich eine natürliche Gesprächspause ergibt, und leiten Sie dann den Abschied mit einem freundlichen Satz ein, z.B.:

- „Es war interessant, mit Ihnen zu sprechen."
- „Ich habe mich gefreut, Sie kennen zu lernen."
- „Das war wirklich ein sehr anregendes Gespräch."
- „Es war nett, mit Ihnen zu plaudern."

Was aber, wenn Sie es mit einem Dauerredner zu tun haben und es partout keinerlei natürliche Gesprächspausen gibt? Nun, dann sollten Sie etwas tun, das man sonst aus Gründen der Höflichkeit vermeidet: Unterbrechen Sie Ihr Gegenüber.

„Tut mir leid, dass ich Sie unterbrechen muss, aber ...
- ... ich muss jetzt los."
- ... ich muss noch einen dringenden Anruf erledigen."
- ... ich sehe da gerade jemanden, mit dem ich noch etwas besprechen muss."

Es empfiehlt sich, nachdem Sie höflich das Ende des Gesprächs eingeleitet haben, eine Begründung anzugeben, warum Sie das Gespräch nun beenden müssen:

- „Sie wollen ja sicher noch ein paar andere Leute begrüßen."
- „Ich würde mich jetzt gern verabschieden, denn ich sehe da gerade jemanden (einen Bekannten/Kollegen/Kunden), den ich noch begrüßen möchte."
- „Ich muss mich jetzt leider verabschieden, ich muss nämlich morgen sehr früh raus."

Und dann sagen Sie, idealerweise begleitet von einem Lächeln, eine vorläufige Abschiedsfloskel, z.B.:

- „Vielleicht können wir unsere Unterhaltung ja später fortsetzen."
- „Wir sehen uns ja sicher später noch."
- „Bis später!"

Wenn es eine endgültige Verabschiedung werden soll, gibt es auch noch einen Händedruck:

- „Auf Wiedersehen!"
- „Dann wünsche ich Ihnen noch viel Spaß, auf Wiedersehen."
- „Falls wir uns nicht mehr sehen sollten, noch einen schönen Abend."

Eine weitere Möglichkeit, sich höflich zu verabschieden, besteht darin, das Gespräch an jemand anderen zu übergeben – eine sehr diplomatische Variante übrigens: Sie binden eine weitere Person in das Gespräch ein und verabschieden sich dann. So steht Ihr Gesprächspartner nicht allein da:

- „Darf ich Sie meiner Kollegin Beate König vorstellen? Beate, das ist Frau Heineke – sie ist ebenfalls begeisterte Hobbygärtnerin."

Der Abschluss eines Gespräches bleibt im Gedächtnis. Wenn Sie als sympathischer, kompetenter, selbstbewusster und freundlicher Mensch in Erinnerung bleiben wollen, sind folgende „Abschiede" daher nicht zu empfehlen:

- Sie stehlen sich davon, als Ihr Gegenüber gerade abgelenkt ist.
- *„Jetzt habe ich aber Hunger – ich glaube, ich gehe mal zum Buffet."* Kann gut sein, dass Ihr Gesprächspartner sagt: *„Ach, ich auch, dann lassen Sie uns doch gemeinsam gehen."*
- Sie geben vor, jetzt endgültig gehen zu müssen und dann trifft Sie Ihr Gesprächspartner eine halbe Stunde später woanders wieder: *„Ach, Frau Rietmeyer, Sie sind ja immer noch da!"*

10 Small-Talk-Tipps für Schüchterne

Hemmungen abbauen

„Studien haben nachdrücklich gezeigt, dass die Angst Nummer eins des Menschen das öffentliche Reden ist. Angst Nummer zwei ist der Tod.“ Eric Bergman, kanad. Kommunikationsberater

„Oh Schreck, schon wieder so ein Empfang, zu dem ich hin muss. Ich kenne natürlich niemanden außer meiner Chefin, und wahrscheinlich will auch niemand mit mir reden. Ich weiß schon ganz genau, wie es werden wird: Wir kommen rein, und alle anderen stehen in Gruppen rum und unterhalten sich und lachen und haben Spaß. Meine Chefin wird mit Sicherheit sofort angesprochen, und ich stehe stumm daneben. Und wenn ich dann etwas gefragt werde und etwas sagen soll, werde ich rot, oder meine Stimme krächzt so komisch – wenn sie nicht gleich ganz wegbleibt. Das ist alles so peinlich!“

Schüchternheit und soziale Ängste spielen sich im Kopf ab: Wieder und wieder geht man in Gedanken Angst auslösende Situationen durch, malt sich Katastrophenszenarien aus und fixiert sich auf den „worst case“, den schlimmstmöglichen aller Fälle.

Aus zahlreichen Untersuchungen weiß man, dass sich ängstliche und schüchterne Menschen selbst sehr viel kritischer und negativer wahrnehmen als andere dies tun: Die angeblich so blamabel verlaufene Situation ist von anderen nicht so empfunden, der vermeintlich peinliche Auftritt gar nicht wahrgenommen worden.
Und genau hier, bei den Bildern im Kopf, kann man ansetzen. Stellen Sie sich einmal die folgende Frage:

Aufgabe

Was kann beim Small Talk schlimmstenfalls passieren, was ist Ihre größte Befürchtung?

In Bezug auf Small Talk haben viele Menschen Angst, abgelehnt, „geschnitten“ zu werden: *„Ich sage etwas, aber keiner reagiert – ich bekomme überhaupt keine Antwort.“* Oder: *„Ich habe Angst, ausgelacht zu werden – womöglich von einer ganzen Gruppe von Menschen, weil ich irgendetwas Dummes gesagt habe.“* Oder: *„Meine Horrorvorstellung ist, dass ich da stehe, und mir fällt überhaupt nichts ein, was ich sagen könnte. Und dann werde ich auch noch rot …“*

Wenn Sie Ihre größten Befürchtungen klar formuliert haben, kommt der nächste Schritt:

Aufgabe

- Wie wahrscheinlich ist es, dass die befürchtete Situation eintritt? Wie realistisch sind Ihre Befürchtungen?
- Haben Sie selbst so etwas schon einmal erlebt? (Wenn jemand anders Ihnen von einem solchen Horrorszenario erzählt hat: Sie glauben doch sonst auch nicht alles …)

Versetzen Sie sich auch mal in die Rolle der Anderen:

- Wird Ihr Gegenüber (der ja auch mit sich selbst beschäftigt ist und vielleicht überlegt, was er sagen und tun soll) wirklich merken, dass Sie schüchtern sind?
- Und wenn: Wird er dann tatsächlich so fies sein, sich darüber lustig zu machen, statt Verständnis zu haben?

Eher unwahrscheinlich, nicht wahr? Und nur einmal angenommen, andere bemerken wirklich, dass Sie ein etwas unsicheres Auftreten haben und sie reagieren wie von Ihnen befürchtet – geht dann die Welt unter? Ist es wirklich so wichtig für Sie, dass alle Menschen Sie mögen und Sie interessant und kompetent finden? Ist es überhaupt möglich (und wünschenswert), so perfekt zu sein?

> Überprüfen Sie die Anforderungen, die Sie an sich selbst stellen.

Bei den meisten Menschen, die in Gesprächen gehemmt sind, sind sie viel zu hoch und damit unrealistisch. Niemand erwartet von uns beim Small Talk tief schürfende, rhetorisch perfekt formulierte Bemerkungen. Die meisten Menschen ziehen ein unterhaltsames, nettes Gespräch bei Weitem vor.

Trainieren Sie Ihren Auftritt

In Seminaren, in denen es um den persönlichen Auftritt geht, also bei Themen wie Kommunikation, Rhetorik oder Selbstmarketing, gibt es immer wieder einen echten Aha-Effekt, und zwar dann, wenn schüchterne und unsichere Teilnehmer sich selbst in einer Videoaufzeichnung sehen: Dass die Knie bei diesem Auftritt gezittert haben, dass der Teilnehmer ins Schwitzen kam und das Gefühl hatte, kaum noch Luft zu bekommen – kaum etwas davon ist zu sehen, selbst dann nicht, wenn man ganz genau und kritisch hinschaut.

Und wenn andere gar nicht merken, wie nervös ich bin – warum rege ich mich dann eigentlich so auf?

Praxistipps für Schüchterne

Trainieren Sie Ihr Auftreten, indem Sie sich in Übungssituationen begeben, deren Schwierigkeitsgrad Sie langsam steigern können:

- Beteiligen Sie sich aktiv an einer Diskussion – zunächst im privaten, dann im beruflichen Bereich.
- Üben Sie, fremde Menschen anzusprechen: Fragen Sie nach der Uhrzeit oder nach dem Weg, beginnen Sie eine kurze Unterhaltung im Bus oder im Fahrstuhl.

- Vertreten Sie mal – ruhig gegen die Mehrheitsmeinung – einen ungewohnten oder kontroversen Standpunkt. Suchen Sie dafür am besten ein nicht-berufliches Thema aus, geeignete „Übungspersonen“ sind Bekannte, gute Kollegen etc. – nicht unbedingt Vorgesetzte ...
- Üben Sie, Kritisches zu äußern: Lassen Sie z.B. im Restaurant ein zu beanstandendes Essen zurückgehen.
- Nehmen Sie an Seminaren teil, in denen es um Kommunikation und Selbstsicherheit geht und die Praxisübungen und Videoreflexionen beinhalten.
- Wenn es eine Gelegenheit gibt, sich zu zeigen, ergreifen Sie sie: Melden Sie sich in Besprechungen zu Wort, halten Sie eine Rede oder eine Präsentation.
- Machen Sie Ihre Schüchternheit zum Thema: Wenn Sie mit fremden Leuten ins Gespräch kommen wollen/müssen, geben Sie doch einfach zu, dass Sie nervös sind: *„Ich überlege gerade, wie ich am besten mit Ihnen ins Gespräch kommen kann – leider bin ich ziemlich schüchtern und weiß manchmal nicht, worüber ich reden könnte.“*

Und jetzt?

Jetzt geht es los – jetzt üben und perfektionieren Sie Ihre Small-Talk-Fähigkeiten. Das Schöne ist ja, dass es dazu reichlich Gelegenheiten gibt – immer und überall. Nur anfangen müssen Sie – denn:

„Das ist alles, was wir tun können: immer wieder von neuem anfangen, immer und immer wieder.“ Thornton Wilder (1887–1975), amerik. Dramatiker und Romanautor

Viel Spaß und viel Erfolg dabei!

Stichwortverzeichnis